本书为国家社科基金特别委托项目"以法治促进和保障社会主义核心价值观建设"（立项号：15@ZH006）的子课题"完善立法 促进孝亲敬老"成果

以法律促进孝亲敬老
——中国老龄化困局的法治对策

韩莹莹 王思锋 支振锋 著

PROMOTION ON RESPECTING AND CARING FOR THE ELDERLY PEOPLE BY LAW: LEGALIZATION MEASURES OF AGING DILEMMA OF CHINA

中国社会科学出版社

图书在版编目(CIP)数据

以法律促进孝亲敬老:中国老龄化困局的法治对策/韩莹莹,王思锋,支振锋著.—北京:中国社会科学出版社,2016.10
(国家智库报告)
ISBN 978-7-5161-9120-0

Ⅰ.①以… Ⅱ.①韩…②王…③支… Ⅲ.①人口老龄化—研究—中国②养老—法治—研究—中国 Ⅳ.①C924.24②D922.182.34

中国版本图书馆 CIP 数据核字(2016)第 252562 号

出 版 人	赵剑英
责任编辑	王 茵 马 明
责任校对	李 莉
责任印制	李寡寡
出 版	中国社会科学出版社
社 址	北京鼓楼西大街甲 158 号
邮 编	100720
网 址	http://www.csspw.cn
发 行 部	010-84083685
门 市 部	010-84029450
经 销	新华书店及其他书店
印刷装订	北京君升印刷有限公司
版 次	2016 年 10 月第 1 版
印 次	2016 年 10 月第 1 次印刷
开 本	787×1092 1/16
印 张	12
插 页	2
字 数	121 千字
定 价	50.00 元

凡购买中国社会科学出版社图书,如有质量问题请与本社营销中心联系调换
电话:010-84083683
版权所有 侵权必究

项目组负责人：

李　林　中国社会科学院学部委员，中国社会科学院法学研究所研究员、所长

支振锋　中国社会科学院法学研究所副研究员，《环球法律评论》杂志主编

项目组组长：

王思锋　西北大学法学院副教授

韩莹莹　北京物资学院助理研究员

项目组成员：

张　曼　王禄生　王家国　周春梅　瞿郑龙

摘要： 自1950年到2010年，全球生育率（不包括中国）下降了50%左右，但中国下降得更加厉害，超过70%。据官方数据，1979—2000年大概减少了2.5亿新生儿。当前，中国人口老龄化现象非常严重，老龄化速度远远高于现有的主要老龄化大国。65岁以上老年人口占总人口的比重从7%上升到14%，法国用了130年，瑞典用了85年，美国和澳大利亚用了79年，中国只用了27年。

到2014年年底，中国60岁以上老年人口已高达2.12亿，占总人口的15.5%。今后相当长一个时期内，中国的老龄化问题将愈发严重：高龄、失能老人快速增加，社会负担不断加重；农村老龄化问题更加突出；老年人家庭空巢化、独居化；未富先老矛盾凸显；等等。

相较于其他老龄化国家，我国社保基金、公共退休金、私人退休金以及寿险资产的积累，都显著滞后。《中国养老金发展报告2013》中的数据显示，2012年中国城镇职工基本养老保险的个人账户空账达到2.6万亿。此外，由于地区发展严重不平衡，许多青壮年人口需要远离家乡就业，再加上独生子女政策，令许多老人成为空巢老人。2010年以来，全国空巢老人的数量至少有6200

万，占老年人口总数的1/3。养老负担已经严重拖累经济发展，更令许多既要抚养儿女，又要赡养父母、岳父母的独生子女夫妇不堪重负。作为礼仪之邦的中国，怎堪听任无数老人面对老无所依的悲凉晚景？

"孝敬老人"不仅是道德问题，更是法律问题。研究和探讨"孝敬老人"的法治化问题，对于缓解老龄化压力，解除经济发展的老龄化枷锁，坚守中华民族的优良传统，建设敬老爱幼的和谐社会，有着重大的意义。

关键词： 老龄化　孝敬老人　社会保障　法治对策

Abstract: Since 1950 to 2010, the global fertility rate (excluding China) fell by about 50%. But China has fallen even more sharply, more than 70%. According to official statistics, probably 250 million newborns were decreased caused by "birth control" policy in year 1979 – 2000. At present, the phenomenon of an aging population in China is very serious, and Chinese aging rate is much higher than the existing major aging country. The proportion of people over 65 years old rose from 7% to 14%, and France spent 130 years, Sweden took 85 years, United States and Australia for 79 years, China only 27.

By the end of 2014, people over the age of 60 in China had reached 212 million, accounting for 15.5% of the total population. For a considerable long time in the future, Chinese aging issue will be more serious: advanced age, disabled elderly people increased rapidly, growing social burden, more prominent aging issues in rural regions, empty nests families who live alone; old but poor situations of elder people.

Compared to other aging countries, China has lagged behind in social security funds, public pensions, private pensions and accumulation of age insurance assets. "The report of Chinese pension development 2013" shows that empty account of individual accounts in the basic old-age insurance for urban workers in China reached 2.6 trillion in 2012. In addition, serious imbalance in regional development led many young people leave their hometown for employment. Besides the reason of one-child policy, great amounts of the aged become empty nesters. Since 2010 the number of empty nesters has reached 62 million, accounting for 1/3 of the total elder population. Economic development has been seriously affected by the burden of pension. Much more "only children" need not only to bring up their children but also to raise the parents and parent-in-law. China is a nation of etiquette. How can we make countless elderly people face the miserable helpless reality like this?

"Filial piety" is not only a moral issue, but also a legal issue. Research and discussion on legalization of "filial piety" is of great significance to alleviate the pressures of ageing, unchain the economic development, adhere to the fine tradition of the Chinese nation, and build a harmonious society of respecting the elder and caring for the young.

Key Words: Aging, Population Social Security, Filial Piety, Rule of Law

目 录

一 问题的提出 …………………………………（4）

二 孝敬老人国外立法及相关做法考察 …………（26）
    （一）国外孝敬老人的相关立法概况 …………（26）
    （二）立法背景分析 ……………………………（27）
    （三）西方国家老人关怀立法与政策 …………（30）

三 亚洲国家老人关怀现状 ………………………（50）
    （一）新加坡敬老的立法与政策 ………………（50）
    （二）日本敬老的立法与政策 …………………（56）
    （三）韩国敬老的立法与政策 …………………（68）
    （四）其他亚洲国家的养老立法与政策 ………（75）
    （五）亚洲各国敬老文化对西方各国的影响 …（79）

(六)亚洲主要国家与地区敬老立法与政策的

　　启示 ………………………………………… (81)

四　当前我国孝敬老人相关立法体系 ……………… (85)

(一)台湾地区敬老的立法与政策 ……………… (90)

(二)港澳地区孝敬老人的法律现状 …………… (96)

(三)中国大陆孝敬老人相关立法体系 ………… (98)

(四)国家和地方相关政策 …………………… (106)

五　我国孝敬老人相关立法分析 …………………… (109)

(一)老年人权益保障的实践问题和经验借鉴 … (111)

(二)老年人权益保障地方立法比较 …………… (125)

六　我国孝敬老人相关法律的缺陷与完善 ……… (151)

(一)我国孝敬老人立法及实践中的问题 ……… (151)

(二)移风易俗,宣传敬老爱老的法治观念 …… (160)

(三)科学立法,进一步完善孝敬老人的立法

　　保障 ………………………………………… (164)

后记 ……………………………………………………… (180)

"人生七十古来稀"已成为历史,现今的人类寿命不断增长,平均年龄达到80岁以上的国家和地区有39个,其中包括一些亚洲国家和地区,如日本、新加坡、中国香港和中国澳门。[①] 但是,随着年龄的增长和不可避免的生理变化,老年人也会自然而然地逐步退出劳动领域,并需要看护和照顾。因此,"变老"不仅是一个自然的生理过程,也是一种社会现象,需要国家和社会的介入。

当今世界各国已经不同程度面临人口老龄化的问题。由于问题的多面性与复杂性,人们开始把世界人口的老化趋势形容为"银色海啸"。欧洲地区的西欧和北欧部分国家,较早进入老龄化社会,亚洲地区的中国、日本、韩国和新加坡等国的人口在进入21世纪之后也迅速老龄化。

---

① 《文明社会必敬老》,《南洋商报》(马来西亚)2015年2月17日C11版。

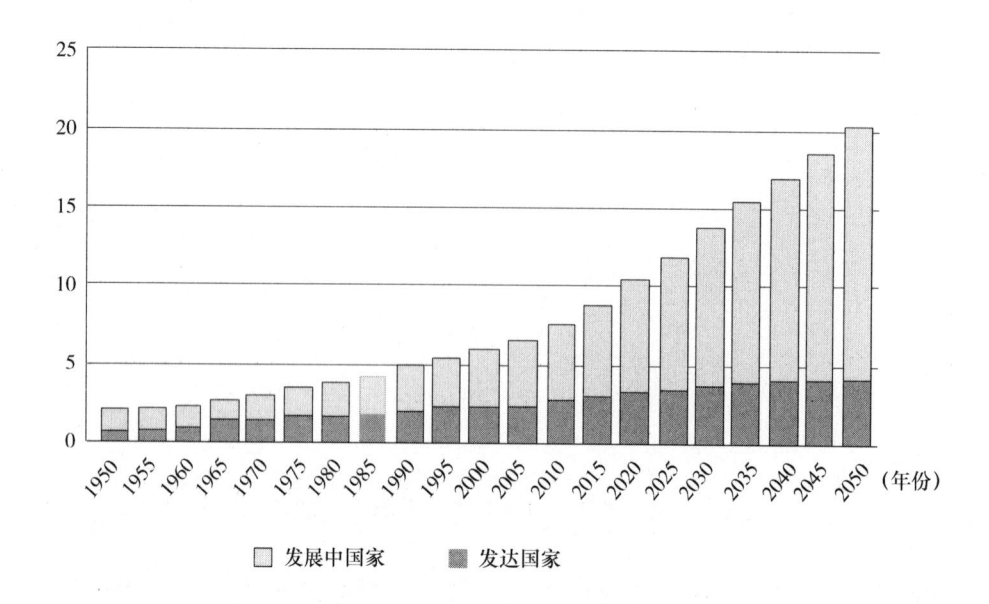

图1 发达国家和发展中国家人口老龄化趋势（亿人）

注：全球正在加速老化，发展中国家的老化速度明显较发达国家为快。到2050年，全球60岁及以上人口将超越20亿。

资料来源：联合国人口基金。

如何对待已经为社会奉献大半生的老人，体现一个国家和社会的文明程度。在西方，由于更加注重个体价值和个人自主，养老主要是老人自己及政府的责任，代际之间的亲子关系往往体现为父母抚育子女，但子女对父母不承担主要赡养义务的"接力模式"；而在中国等受到儒家传统影响的部分东亚国家，则不仅强调父母对子女的抚育，也强调子女对父母的赡养义务，这种代际之间的亲子关系可被称为"反哺模式"。但是，随着现代性的展开，问题正在变得更加复杂。在西方，由于老人的精神需求以及国家越来越陷入"高福利陷阱"，国家也越来越强调子女的赡养义务，甚至比较重视精神赡养。在东方，由于人口的大规模流动、家庭的小型化以及居住的分散化，尤其是伴随城市化而来的生活成本上升，在养老问题上也越来越强调国家责任。在中国，计划生育政策的强势推行不仅导致了严重的人口倒金字塔结构，还导致家庭内部严峻的"4-2-1"倒金字塔成员结构。双重倒金字塔结构，使得本就小型化、抗风险能力极弱的独生子女家庭负担更重，抗风险能力更弱。

但是，无论东西，面对老龄化的加剧，各种有关老龄社会应对之策的课题正在不断浮现。在养老问题上，如何平衡国家责任与子女责任，如何同时照顾到老人的物质需求与精神需求，成为我们必须思考的问题。而中国的传统孝道文化，可以在此问题上体现出其现代价值。国家也应在法律和政策的层面，鼓励子女对父母的孝敬。

一　问题的提出

我国是世界上老龄人口最多的国家，也是目前世界上唯一老年人口过亿的国家。国际上通常把60岁以上的人口占总人口比例达到10%或65岁以上人口占总人口的比例达到7%作为国家进入老龄化社会的标准。2000年第五次全国人口普查时，中国已经基本进入老龄化社会，老龄化比例为7.0%。多年来，我国老年人口在不断增加，老龄化进程不断加快。最新数据统计显示，2014年，我国60周岁及以上人口为21242万人，占总人口的比例为15.5%，高出2013年0.6个百分点，其中65周岁及以上人口占总人口的比例达到10.1%。根据全国老龄工作委员会办公室公布的数字，到2020年我国老年人口将达到2.48亿，老龄化水平将达到17%。[①] 老龄人口比例急速增加，劳动力人口比例不断下降，给我国当前社会经济发展带来极其严峻的挑战。如何有效地赡养和孝敬老人，保障老年人的合法权

---

① 熊海鸥：《中国经济的人口图谱　社会人口老龄化加速》，《北京商报》2015年1月21日。

益，实现"老有所养、老有所依、老有所为、老有所学、老有所乐"的保障目标，成为我们目前面临的重要民生问题。

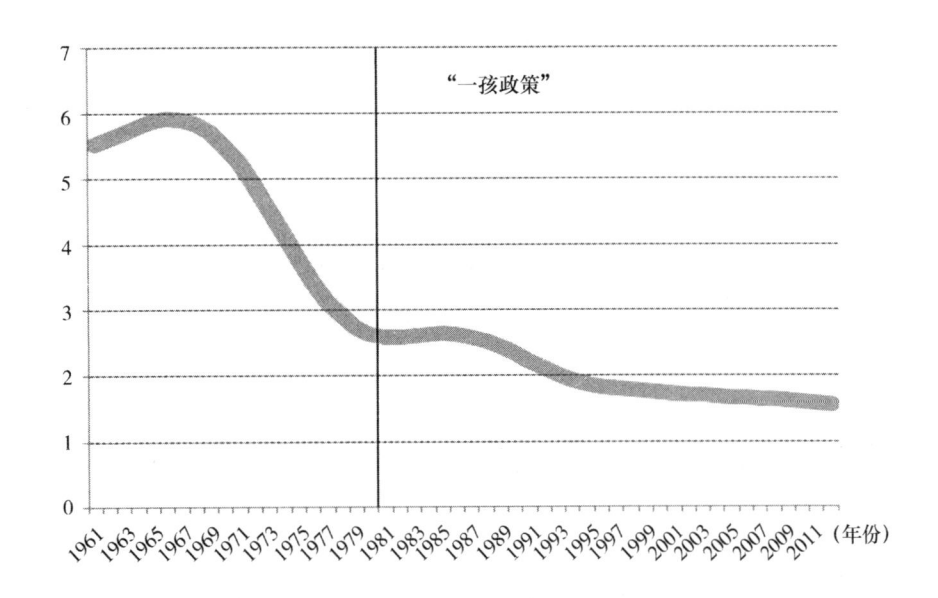

图 2　1961—2012 年中国人口生育率（%）

注：中国计划生育之后生育率已经远远降到了世代更替水平以下。

资料来源：chinatravelgo.com。

《中国统计年鉴》的数据也显示，我国老龄人口（65 周岁以上）的比例持续上升。1953 年，我国 65 周岁以上人口为 2593 万人，仅占总人口的 4.9%。此后，老龄人口的数量和比重持续上升。图 4 反映了 2000—2013 年我国老龄人口的变化情况。可以发现，在 2005 年我国

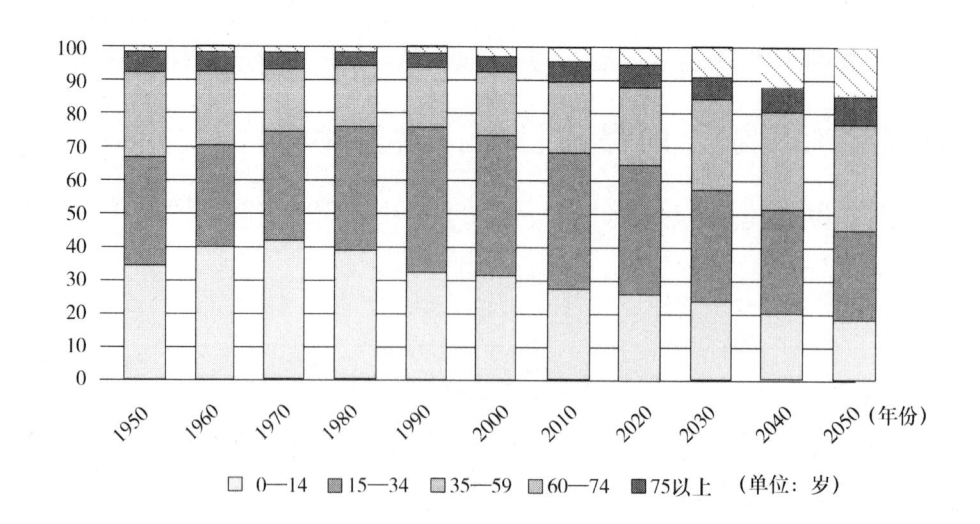

图 3 中国人口结构变化（%）

资料来源：chinatravelgo.com。

老龄人口就已经超过了 1 亿人，而在 2013 年，老龄人口进一步增长到约 1.32 亿人。从老龄人口百分比来看，这一数据也在持续上升，2000 年为 7%，而 2013 年就达到 9.7%。按照世界卫生组织制定的标准，一个国家或地区，当 65 岁以上老年人口达 7% 的时候，就迈入了老龄化社会，达到 14% 时，就是老年社会。[①] 因此，从 2000 年开始我国已经正式迈入老龄化社会，未来 5 年内，极有可能变成老年社会。

---

① 《以房养老，台湾仅限有房地产的孤寡老人》，《人民政协报》2013 年 9 月 28 日第 B3 版。

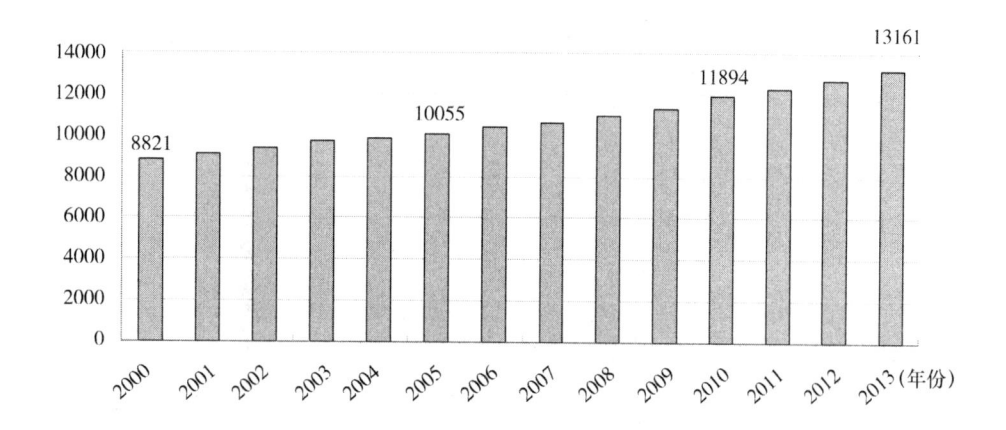

图4　2000—2013年我国老龄人口总数变化（万人）

资料来源：课题组根据《中国统计年鉴》数据制作。

随着老龄人口的递增，我国社会"老年抚养比"①的数据也在持续上升。1953年的"老年抚养比"是7.4，也就是每100名劳动人口需要赡养7.4名老年人；2000年，老年抚养比达到9.9，而到了2013年则达到13.1，比1953年增长了77%。

值得注意的是，与其他老龄化国家相比，我国的老龄化问题还存在以下几个方面的特征。

第一，我国是人口老龄化速度迅速的国家。中国属于老龄化速度最快的国家之一。有专家估计，我国总人口中65岁以上人口比例从7%提升到14%只需用27年。

---

① 老年抚养比＝老龄人口÷劳动力人口。

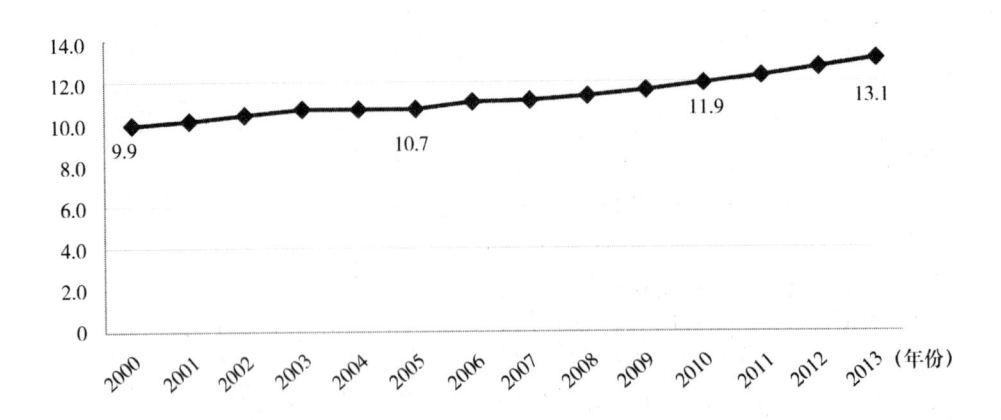

图 5　2000—2013 年我国老年抚养比变化（%）

资料来源：课题组根据《中国统计年鉴》数据制作。

发达国家大多用了 45 年以上的时间，比如，法国用了 130 年，瑞典是 85 年，澳大利亚和美国是 79 年。[①]

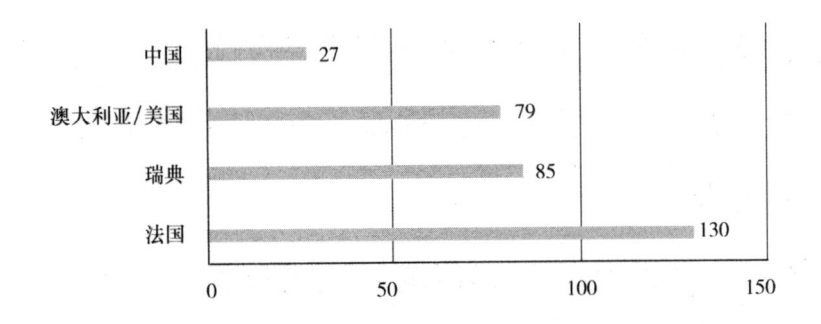

图 6　各国 65 岁以上老年人占总人口的比例从 7% 提升到 14% 时间表（年）

注：中国人口老龄化的速度远远高于世界许多国家，用了 27 年走完了法国花了 130 年才走完的老龄化之路。

资料来源：GN 栖城。

---

① 《先养老，再养生》，《东方早报》2014 年 1 月 4 日 T04 版。

按国际通行标准，一个国家或地区60岁以上人口比重达到10%，或65岁以上人口比重达到7%，即标志着进入老龄化社会。2005年至2013年中国60岁及以上老年人口数量及其占全国总人口比重如图7所示。

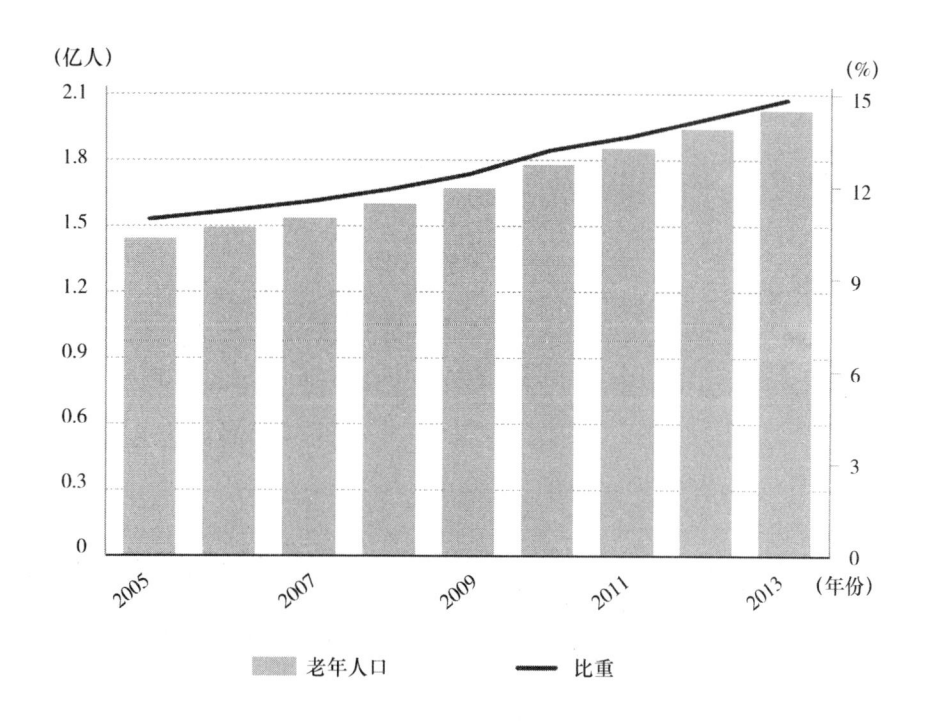

图7 2005—2013年我国60岁及以上老龄人口占总人口比例的变化

资料来源：中国民政部历年《社会服务发展统计公报》。

第二，我国是在发展水平较低的现状下进入老龄化社会的国家。这也就是所谓的"未富先老"。以日本为例，在与中国现在的老龄化程度相当的时候，日本国内

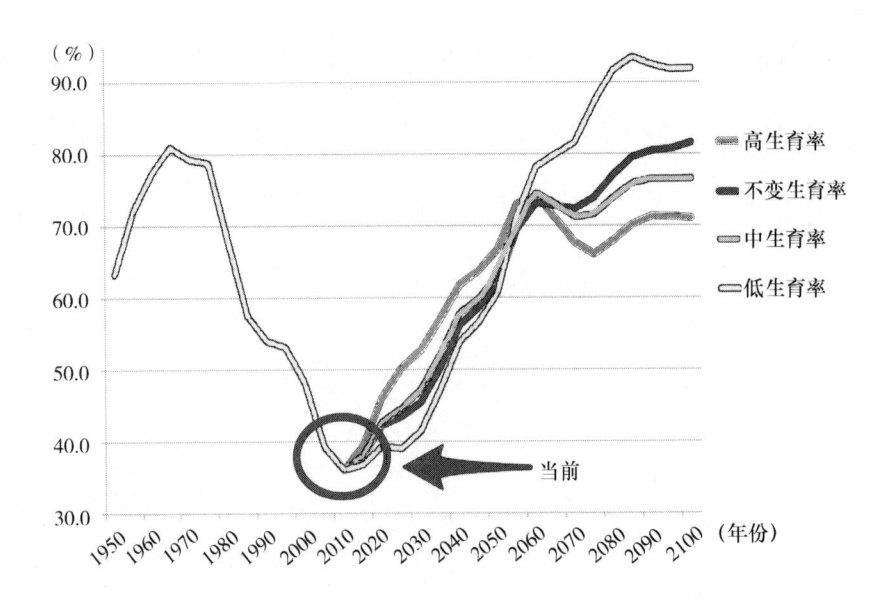

图 8　中国抚养比的变化

注：中国人口的抚养比在 2010 年探底之后就极速攀升，社会的养老压力增长很快。

资料来源：Business Insider。

生产总值是我国的好几倍。[①] 另外参照表 1 到表 7 的数据，相较于其他老龄化国家，我国社保基金积累、公开退休金积累、私人退休金积累，以及寿险资产积累都显著滞后。

---

① 《先养老，再养生》，《东方早报》2014 年 1 月 4 日 T04 版。

表1　部分经合组织国家社会保障基金市值与GDP比例

（2000年到2009年）　　　　　　　　　　　　　　单位:%

国家 年份	奥地利	捷克斯 洛伐克	德国	匈牙利	爱尔兰	意大利	卢森堡	葡萄牙	西班牙
2000	17.0	5.1	21.1	13.9	3.1	16.6	16.0	9.4	16.1
2001	16.9	5.2	21.2	13.8	3.1	16.4	17.1	9.8	15.9
2002	16.9	5.6	21.5	14.7	4.3	16.1	17.8	9.7	12.2
2003	17.0	5.6	21.8	15.3	3.4	16.9	18.0	10.3	11.5
2004	16.9	5.5	21.0	15.2	3.5	16.9	18.0	10.6	11.6
2005	16.7	5.5	21.0	15.8	3.5	17.1	17.7	11.0	11.5
2006	16.5	5.2	20.0	15.9	3.6	17.1	16.5	11.2	11.3
2007	16.4	5.1	19.1	16.0	3.8	17.4	15.6	11.0	11.5
2008	16.7	5.2	19.2	16.3	4.7	18.0	16.3	11.4	12.2
2009	17.9	5.9	21.2	16.7	6.1	19.6	—	12.8	14.3
平均	16.9	5.4	20.7	15.4	3.9	17.2	17.0	10.7	12.8

数据来源：根据经合组织网站www.oecdchina.org给出的各国社保基金市值和相应的GDP计算得出。

表2　部分国家公共退休金市值与GDP比重（2001年到2009年）　　单位:%

年份 国家	2001	2002	2003	2004	2005	2006	2007	2008	2009
澳大利亚	—	—	—	—	1.8	4.7	4.8	5.3	
比利时	—	—	—	—	—	—	4.7	5.0	
加拿大	4.4	4.6	4.6	5.5	5.9	6.8	7.6	6.8	8.1
法国	—	—	1.0	1.2	1.6	1.7	1.8	1.4	1.8
日本	29.1	29.6	29.5	29.7	28.1	27.0	25.5	23.5	—
韩国	11.7	12.9	14.7	16.1	18.1	20.1	21.7	22.9	26.1
墨西哥	—	—	—	—	—	—	0.4	0.4	0.4

续表

年份 国家	2001	2002	2003	2004	2005	2006	2007	2008	2009
新西兰	—	—	1.4	2.6	4.1	6.2	7.3	7.7	7.2
挪威	8.7	8.9	9.9	10.0	9.8	5.0	5.1	3.5	5.1
波兰	—	0.0	0.1	—	—	0.2	0.3	0.3	0.5
葡萄牙	2.8	3.4	3.8	3.9	4.0	4.1	—	4.8	5.6
西班牙	0.2	0.8	1.3	2.3	2.9	3.6	4.3	5.3	5.7
瑞典	23.3	19.6	22.3	24.2	27.8	29.1	29.3	22.7	26.5
美国	11.8	12.9	13.7	14.2	14.7	15.3	16.0	16.9	18.2

数据来源：根据经合组织网站 www.oecdchina.org 给出的各国公开基金市值和相应的GDP 计算得出。

表3　部分国家私人退休基金市值与 GDP 比重（2001 年到 2011 年）　　单位：%

年份 国家	2001	2002	2003	2004	2005	2006	2007	2008	2009	2010	2011
荷兰	91.9	80.6	114.3	134.3	149.9	156.1	185.1	164.8	164.7	171.0	188.4
英国	102.0	87.1	103.4	122.3	139.7	150.2	154.8	117.9	125.0	135.8	152.6
加拿大	70.3	64.3	76.1	85.9	97.7	110.8	119.9	101.1	104.6	124.3	130.1
瑞士	59.0	59.9	74.3	83.7	90.7	91.6	93.3	87.5	99.5	103.7	119.9
芬兰	50.4	52.6	69.0	85.9	95.3	98.4	108.2	103.6	120.1	121.6	117.0
美国	108.2	97.9	111.1	114.7	115.3	124.0	126.9	96.7	114.0	120.8	116.5
澳大利亚	36.8	36.1	42.2	53.2	60.9	67.0	88.7	77.0	66.9	81.2	95.6
爱尔兰	38.9	32.3	44.5	51.6	59.4	61.9	62.9	51.9	62.2	63.9	63.2
丹麦	11.5	13.8	17.8	21.0	23.2	23.6	25.9	29.6	30.7	31.5	35.0
西班牙	6.9	10.5	13.3	14.8	15.1	15.5	17.2	17.0	17.7	17.0	17.5
以色列	5.5	5.3	5.7	5.8	7.0	7.0	7.9	11.8	11.9	13.1	13.8
新西兰	6.2	6.0	6.5	7.4	7.9	7.9	8.1	7.3	7.4	10.1	12.3
法国	3.4	6.2	7.8	7.5	7.2	8.6	9.5	10.3	11.4	11.6	12.1

续表

年份 国家	2001	2002	2003	2004	2005	2006	2007	2008	2009	2010	2011
葡萄牙	9.9	11.6	14.3	14.5	17.5	18.8	20.4	18.6	19.3	16.2	11.7
斯洛伐克	0.0	0.0	0.0	—	0.6	3.0	5.1	6.9	8.8	9.8	11.7
立陶宛	0.0	0.2	0.9	2.2	3.3	4.5	6.3	6.4	9.8	9.4	9.9
瑞典	3.1	3.4	4.0	5.3	5.9	7.3	8.2	8.7	7.2	7.7	9.7
斯洛文尼亚	—	—	1.2	2.2	3.1	3.9	4.9	5.7	7.0	7.9	8.6
德国	3.1	3.3	4.1	4.7	5.1	5.3	6.4	7.0	7.4	7.2	7.5
奥地利	2.6	3.6	4.7	4.6	5.9	6.2	6.6	6.5	7.3	7.2	7.1
比利时	4.9	4.6	4.8	4.9	5.5	5.3	6.0	4.8	5.6	4.9	5.9
波兰	0.6	0.9	1.4	1.9	2.7	3.6	4.4	4.6	4.4	5.3	5.1
卢森堡	—	—	—	0.4	1.3	1.3	1.4	1.4	3.1	2.6	2.7
挪威	0.6	0.7	0.9	1.0	1.0	1.0	1.2	1.1	1.2	1.3	1.3
冰岛	0.9	0.9	1.3	1.6	2.0	1.9	2.1	1.4	1.0	1.1	1.2
墨西哥	0.4	0.5	0.5	0.5	0.8	0.9	1.0	1.0	0.9	1.1	1.1
捷克	0.1	0.1	0.1	0.1	0.2	0.2	0.2	0.3	0.3	0.3	0.4
智利	—	0.1	0.1	0.1	0.1	0.1	0.1	0.1	0.1	0.1	0.1

数据来源：根据经合组织网站 www.oecdchina.org 给出的各国私人基金市值和相应的 GDP 计算得出。

表4　　2011年部分国家寿险、非寿险和复合保险资产

市值及占 GDP 比重　　　　　　　　单位：亿美元、%

险类 国家	寿险	非寿险	复合险	寿险占比	总额占 GDP 比重
澳大利亚	2309.4	1058.4	—	68.6	22.6
奥地利	69.1	121.6	1093.3	5.4	30.7
比利时	131.2	152.0	3273.9	3.7	69.1
加拿大	44.7	1200.3	11477.6	0.4	73.2

续表

险类 国家	寿险	非寿险	复合险	寿险占比	总额占GDP比重
智利	447.0	34.3	—	92.9	19.4
捷克	24.7	18.3	203.7	10.0	11.5
丹麦	3830.2	331.6	—	92.0	125.3
立陶宛	11.3	7.3	—	60.6	8.4
芬兰	535.7	175.4	—	75.3	27.0
法国	5580.9	2982.6	16907.3	21.9	91.7
德国	11797.9	5169.0	—	69.5	47.0
希腊	84.9	33.4	88.0	41.1	6.9
匈牙利	39.4	5.1	75.0	33.0	8.5
冰岛	1.2	11.3	—	9.9	8.9
爱尔兰	2141.6	479.6	—	81.7	118.5
以色列	—	34.1	816.5	—	34.9
意大利	2027.4	260.3	5858.0	24.9	37.0
日本	40949.0	3573.9	—	92.0	75.9
卢森堡	1421.5	126.7	0.0	91.8	259.8
墨西哥	131.9	44.6	435.7	21.5	5.3
荷兰	4970.1	883.2	—	84.9	69.8
挪威	1614.3	334.1	—	82.9	40.1
波兰	303.8	190.2	—	61.5	9.6
葡萄牙	358.1	57.7	300.6	50.0	30.1
斯洛伐克	11.0	0.3	78.2	12.3	9.3
斯洛文尼亚	9.6	2.9	66.7	12.1	15.7
西班牙	1114.3	345.2	2026.5	32.0	23.6
瑞典	3834.5	774.1	—	83.2	84.6
瑞士	3202.8	1401.4	—	69.6	69.7
土耳其	147.3	97.7	—	60.1	3.2
英国	18830.9	2454.1	3656.7	75.5	102.6
美国	35790.2	14561.0	—	71.1	33.4

续表

险类 国家	寿险	非寿险	复合险	寿险占比	总额占GDP比重
印度	2973.4	115.2	—	96.3	16.9
马来西亚	249.5	62.1	291.6	41.4	20.9
新加坡	456.1	107.5	495.2	43.1	40.7
南非	2130.4	118.0	10.4	94.3	55.3
泰国	468.4	252.9	—	64.9	20.9

数据来源：根据经合组织网站 www.oecdchina.org 给出的各国保险资产市值和相应的 GDP 计算得出。

表5 美国社会保险基金年度支出金额及占年度GDP比例和年度社保基金受惠人数及占美国人口比重（1937年到2013年）

年份	社保支出 （百万美元）	GDP （亿美元）	社保支出 占GDP比重 （%）	受惠人数 （百万人）	人口 （百万人）	受惠人数 占人口比重 （%）
1937	1.3	919.0	0.001	0.053	132.122	0.04
1938	10.5	861.0	0.012	0.214	130.880	0.16
1939	13.9	922.0	0.015	0.175	129.825	0.13
1940	35.0	1014.0	0.035	0.222	128.825	0.17
1950	961.0	2938.0	0.33	3.477	152.271	2.28
1960	11245.0	5264.0	2.14	14.845	180.671	8.22
1970	31863.0	10385.0	3.07	26.228	205.052	12.79
1980	120511.0	27881.5	4.32	35.585	227.622	15.63
1990	247796.0	58005.3	4.27	39.832	250.047	15.93
1995	332553.0	74146.3	4.49	43.387	266.458	16.28
1996	347088.0	78384.8	4.43	43.737	269.581	16.22
1997	361970.0	83323.5	4.34	43.971	272.822	16.12
1998	374990.0	87934.8	4.26	44.246	276.022	16.03

续表

年份	社保支出（百万美元）	GDP（亿美元）	社保支出占GDP比重（%）	受惠人数（百万人）	人口（百万人）	受惠人数占人口比重（%）
1999	385768.0	93535.0	4.12	44.596	279.195	15.97
2000	407644.0	99514.8	4.10	45.415	282.296	16.09
2001	431949.0	102861.8	4.20	45.878	285.216	16.09
2002	453746.0	106423.0	4.26	46.444	288.019	16.13
2003	470778.0	111422.3	4.23	47.038	290.733	16.18
2004	493263.0	118532.5	4.16	47.688	293.389	16.25
2005	520748.0	126229.5	4.13	48.434	296.115	16.36
2006	546238.0	133772.0	4.08	49.123	298.93	16.43
2007	584939.0	140286.8	4.17	49.865	301.903	16.52
2008	615344.0	142915.5	4.31	50.898	304.718	16.70
2010	712500.0	144989.3	4.91	54.000	309.732	17.43
2011	786374.0	150756.8	5.22	56.000	311.946	17.95
2012	817473.0	156847.5	5.21	57.000	314.311	18.13
2013	871010.0	162377.5	5.36	58.300	317.256	18.38

数据来源：美国社保基金管理网站（Historical Background and Development of Social Security, Social Security Administration web site）；2012年和2013年社保支出金额数据来自美国社保管理2013年财政预算表；2012年到2013年受惠人数为估算数据。

表6　　　　我国城镇养老保险现状（2001年到2012年）

年份	城镇就业人数（百万人）	参保职工数（百万人）	离退休人数（百万人）	参保职工比重（%）	基金收入（亿元）	基金支出（亿元）	累计结余（亿元）	累计结余/GDP比例（%）
2001	241	108	34	44.8	2500	2300	1100	1.15
2002	252	111	36	44.0	3200	2800	1600	1.55

续表

年份	城镇就业人数（百万人）	参保职工数（百万人）	离退休人数（百万人）	参保职工比重（%）	基金收入（亿元）	基金支出（亿元）	累计结余（亿元）	累计结余/GDP比例（%）
2003	262	116	39	44.3	3700	3100	2200	1.62
2004	273	123	41	45.1	4300	3500	3000	1.88
2005	284	131	44	46.1	5100	4000	4000	2.18
2006	296	141	46	47.6	6300	4900	5500	2.63
2007	310	152	50	49.0	7800	6000	7400	2.88
2008	321	166	53	51.7	9700	7400	9900	3.15
2009	333	177	58	53.2	11500	8900	12500	3.67
2010	347	194	63	55.9	13400	10500	15300	3.81
2011	359	216	68	60.1	16893	12766	19500	4.12
2012	372	230	74	61.8	20001	15562	23941	4.60

数据来源：根据相关年度《人力资源和社会保障事业发展统计公报》和国家统计局相关数据计算得出。

表7　我国社保（五项社会保险）现状（2005年到2012年）

年份	总参保人数（亿人）	养老参保人数（亿人）	基金收入（亿元）	基金支出（亿元）	累计结余（亿元）	累计结余/GDP比例（%）	支出/GDP比例（%）
2005	5.58	1.75	6967	5375	—	—	2.92
2006	6.24	1.88	8626	6473	8239	3.93	3.09
2007	7.40	2.01	10812	7888	11236	4.37	3.07
2008	8.92	2.19	13696	9925	14036	4.47	3.16
2009	10.22	2.36	16116	12303	17548	5.15	3.61
2010	11.08	2.57	18823	14819	21168	5.27	3.69
2011	12.16	2.84	24043	18055	26196	5.54	3.82

续表

年份	总参保人数（亿人）	养老参保人数（亿人）	基金收入（亿元）	基金支出（亿元）	累计结余（亿元）	累计结余/GDP比例（%）	支出/GDP比例（%）
2012	13.37	3.04	28909	22182	32982	6.34	4.27
年均增幅（%）	13.3	8.2	22.5	22.4	26.0	0.34	0.17

数据来源：根据相关年度《人力资源和社会保障事业发展统计公报》和国家统计局相关数据计算得出。

第三，我国农村老龄化问题远远超过城市。从第五次全国人口普查开始，我国农村老龄人口的比例已经超过城市。这也是我国老龄化的突出特征之一。

表8　　　全球部分国家城乡人口老龄化程度比较　　　单位：%

地区	国家（年份）	人口老龄化程度（60岁及以上）		
		城市	农村	农村-城市
美洲	墨西哥（2005）	7.7	9.4	1.7
	加拿大（2006）	18.5	19.5	1.0
	美国（2000）	15.9	17.5	1.6
亚洲	中国（2000）	9.7	10.9	1.2
	印度（2001）	6.7	7.7	1.0
	印度尼西亚（2005）	6.4	7.9	1.5
	日本（2005）	26.2	30.7	4.5
	韩国（2005）	10.7	24.5	13.8
	巴基斯坦（2005）	4.9	5.4	0.5
	土耳其（2000）	7.1	10.8	3.7
	泰国（2007）	10.3	11.1	0.8

续表

地区	国家（年份）	人口老龄化程度（60岁及以上）		
		城市	农村	农村·城市
欧洲	俄罗斯（2007）	16.9	18.3	1.4
	英国（2001）	20.2	23.2	3.0
	葡萄牙（2001）	19.8	23.9	4.1
	保加利亚（2007）	19.5	32.9	13.4
	芬兰（2007）	20.9	26.2	5.3
	荷兰（2007）	19.4	21.5	2.1
	立陶宛（2007）	19.2	23.0	3.8
	挪威（2001）	18.5	21.5	3.0
	乌兰克（2007）	18.5	24.1	5.6
大洋洲	澳大利亚（2006）	17.1	21.1	4.0

资料来源：根据联合国《人口统计年鉴2007》数据计算。

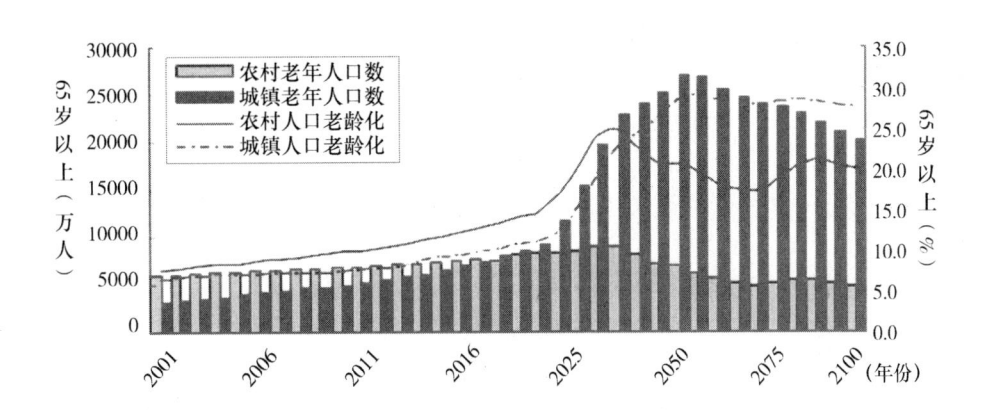

图9 中国未来100年城乡人口老龄化发展趋势

资料来源：李本公主编：《中国人口老龄化发展趋势百年预测》，华龄出版社2006年版，第114—125、150—161页。

第四，我国老年人"空巢化"日益严重。"空巢家庭"是指子女长大成人后从父母家庭中相继分离出去、只剩下老年人独自生活的家庭。在发达国家"空巢家庭"出现较早，现在十分普遍，老年人与子女同住的只占10%至30%，除了日本，大多数发达国家的老年人均与子女分居；在日本，老年人与子女分居的比例也越拉越大。在美国、比利时、丹麦、法国和英国，20世纪80年代初，全部家庭户中65岁以上独居者占11%，瑞典独居老年人达到40%。[1] 我国自2000年前后步入老龄化社会之后，老年人"空巢化"趋势明显，需要照料的失能、半失能老人呈现出比例升高等态势。2010年以来，全国"空巢老人"数量至少有6200万，占老年人口总数的1/3。[2] 一个典型的例子是，独子在上海工作，远在浙江嘉兴独自生活的父母意外在家双双离世，近一个月后才被发现。其背后折射的正是我国日益加剧的"空巢老人"现象。

第五，我国现阶段养老/敬老现状令人担忧。据英国

---

[1] 蒋林：《鼓励"居家养老"：发达国家各有招 多重制度保障服务"空巢老人"》，《广州日报》2011年1月9日第7版。

[2] 邬慧颖、陈诺：《探索公共养老新方式迫在眉睫》，《今晚报》2014年10月30日第7版。

广播公司报道,2013年联合国对全世界91个国家适宜养老的程度进行了排名。瑞典高居榜单的首位,阿富汗排名垫底。西欧和北美的国家占据了前20位的主要部分。中国仅仅排名第35位。这一排名多少与"敬老大国"的定位不相匹配。① 眼下"常回家看看"入法已近两年,全国共发生十多例父母起诉子女,要求其"常回家看看"的案件,各地法院也多支持老人的诉求。但明眼人一看就明白,其实因不能"常回家看看"引起的案例纠纷远不止这些,更多老人因为秉承着"家丑不可外扬"的古训,以及对子女的体谅,才没有把自己的诉求带到法庭,诉诸法律。②

表9　目前中国主要的几种养老方式的优劣势比较

	示范性机构群	专业化机构群	亲情化机构群	家庭式机构群
优势	★ 实物资源优势突出 ★ 财务状况良好 ★ 组织规范,人力资源丰富 ★ 社会信用和公共关系良好,品牌资源强 ★ 运用规范,管理职能有力	★ 实物资源较有优势 ★ 财务资源较好 ★ 组织规范,人力资源有明显专业优势 ★ 具有一定社会信用和公共关系,品牌形象好 ★ 管理规范	★ 实物资源较有优势 ★ 树立了较高的品牌形象 ★ 管理手段灵活,赢利能力强 ★ 顾客群广泛	★ 成本压力小 ★ 收费低廉顾客群广泛 ★ 管理灵活赢利能力强

---

① 《保障老者利益是王道》,《生命时报》2013年10月15日第2版。
② 《为孝行辟绿色通道》,《中老年时报》2015年3月1日第4版。

续表

	示范性机构群	专业化机构群	亲情化机构群	家庭式机构群
劣势	• 固定资产投资过大，平均成本过高，成本控制困难 • 收费高，限制了目标消费人群 • 国有机构管理体制的属性阻碍了创新能力	• 过分专业化阻碍了顾客群的扩大 • 接受的介护老人比例较高护理负担重，制约了拓展服务能力	• 有一定成本压力 • 组织不规范，人力资源较为薄弱 • 功能较为单调	• 实物资源差 • 财务状况不良 • 人力资源薄弱 • 社会信用较低 • 功能不完善服务项目单调

毋庸置疑，尊老首先要有具体的措施，缺少具体措施的尊老，不过是一句空话。清朝时皇帝会举办所谓的"千叟宴"，我国古人也讲"老者六十杖于乡，七十杖于国，八十杖于朝"。这些都是具体的敬老的措施。目前，我国部分省市已经开始进行有益的实践，比如山西太原2014年5月出台的《物业服务与收费管理暂行办法》第二十四条规定，子女探望父母停车前三小时可以免费。北京市民政局负责人表示，今后会为每位百岁老人在媒体上公开祝寿。这样，可以增强敬老、爱老的社会氛围。[①] 不过，整体而言，我国许多地方的敬老仍然停留在理念和口号阶段，缺乏具体的

---

① 《北京将通过媒体为百岁老人祝寿》，《老年日报》2010年8月17日第1版。

措施与之配套。

党和国家一直高度重视人口老龄化现状，并将积极应对人口老龄化作为国家的一项长期战略任务。十八大以来，多项养老领域的重大改革相继"破冰"，多项基本民生保障制度日趋完善，养老领域改革稳步推进。2012年修改通过《中华人民共和国老年人权益保障法》，并于2013年7月1起施行。2013年《国务院关于加快发展养老服务业的若干意见》（国发〔2013〕35号）文件颁布实施。2014年，国务院有关部委相继出台了《关于加强养老服务标准化工作的指导意见》《关于推进养老机构责任保险工作的指导意见》《关于推进城镇养老服务设施建设工作的通知》《关于加快推进养老服务业人才培养的意见》《关于建立健全经济困难的高龄、失能等老年人补贴制度的通知》《关于加快推进健康与养老服务工程建设的通知》等政策文件，对发展养老服务业做出了全面系统安排。2015年的《政府工作报告》中，李克强总理14次提及"养老"这一关键词。

2015年被视为养老制度改革的关键之年而备受瞩目。然而，从目前来看，我国养老工作的任务还很艰巨，无论是从宏观制度层面还是从老年人具体权益保障方面，都存在很多问题。尤为突出的是，在我国目前以"居家养老"为主要方式的模式之下，"孝敬老人"这一中华民族传统美德屡屡遭到背弃或者破坏，大量关于遗弃、虐待甚至打骂老人的案例和新闻报道令人触目惊心，如《12名子女不养母亲案开庭　儿子狡辩气哭老母》《养狗都不养父母》《对母亲活不养死不葬》《儿子不养母亲并打断其三根肋骨　将母赶出家门》《不帮忙带孩子就不赡养母亲》……①

　　受西方观念和横流的物欲冲击，很多子女对待父母的表现不仅丧失了最基本的道德底线，更是对法律的无视和违背。2012年《中华人民共和国老年人权益保障法》修订并通过，"常回家看看"条款遭到质疑，很多人认为，孝敬老人回家看望属于道德问题，立法强制规定"子女不常回家看望老人将违法"被视为"法律勒索道德"。这些偏见深刻地反映出，现实中部分人对于"孝敬老人"不仅存在观念和意识等道德层面的问题，更存在对法律的理解和遵守等方面问题。因此，在依法治国、建设社会主义法治国家的背景下，以社会主义核

---

　　① 在百度网站以"不养母亲"为关键词进行搜索，找到相关结果约3900000个。

心价值观为指导，认真研究和探讨"孝敬老人"的法治化问题，对于保障老年人合法权益，引导树立社会良好风气具有重要的现实意义。

二 孝敬老人国外立法及相关做法考察

孝敬老人在英语中并无专门对应的术语。这一用词的英文翻译通常为"care for the elder",有时也译为"elderly care"和"aged care"。无论哪种译法,关心老人、爱护老人、从老人切身利益出发保护老人的基本权益是国外针对老人立法的根本宗旨。但由于与中国国情、传统和文化的差异,国外孝敬老人的立法多突破单个家庭内部照顾关爱老人的小范围,从国家、社会或社区服务的大范围来考虑这一问题,因此相关立法和政策制定也多是从这一角度出发。

(一) 国外孝敬老人的相关立法概况

孝敬老人,也称为"老人关怀"(elderly care)或者英语世界的惯用语"照料老人"(aged care),即满足年老公民独有的特殊需求和要求。这一用语范围宽广,包括"生活协助"(assisted living)、"成年人日间护理"(adult day care)、"长期护理"(long term)、"养老院"(nursing homes)、"临终关怀"(hospice care)和"家庭护理"（home care）。但是由于世界各国对于孝敬老人一词的理解各有不同，各国对待老人的传统文化存在差异，亚洲很多受中国传统文化影响的国家较少使用政府建立照料老人的机构或设施，而多是各自家庭成员中年轻一代负责照顾老人。而欧洲国家或美国等发达国家多是通过完备的社会或社区服务，关爱和照顾年老的公民。

按照西方法律文化，孝敬老人着重强调的是满足年老公民的社会和个人需求，即他们需要在参与日常活动或健康方面的帮助，但把有尊严地老年化（age with dignity）作为基本原则。这就导致国外针对孝敬老人的立法大多是从这一原则入手，并涉及老人居住、服务、活动、雇员再培训等方面。另外值得注意的是，国外针对老人关怀的安排大多由非营利的市场部分来负责。[1]

（二）立法背景分析

1. 文化和地缘的差异

何谓真正孝敬老人和关爱老人的方式，这在不同国

---

[1] Kim, Kijong and Antonopoulos, Rania, *Unpaid and Paid Care: The Effects of Child Care and Elder Care on the Standard of Living*, Levy Economics Institute（2011）.

家有不同的表现和变化。[①] 即便在同一国家，不同地区对待老人的方式也是不同的。然而，就全世界各国的平均观察结果来看，老人的医疗消费超出任何其他年龄段的群体，这样一个结果表明世界范围内针对老人的关照，其内容大致相同，即如何从医疗和身心健康方面照顾老人需求，如此单单依靠老人自己家庭以及家庭成员的经济和人力支出，是无法达到良好效果的，尤其是随着目前各个国家越来越低的出生率和越来越高的老龄化，老人关怀就成为西方各国政府迫切需要解决的一个难题。

按照传统，孝敬老人大多是家庭成员和其子女的责任，而且也多发生在人口较多的大家庭（extended family）中。然而随着现代社会的发展，照顾老人的责任逐渐转移到国家或慈善机构。造成这一变化的因素包括家庭规模持续缩小，老人平均寿命增长，家庭地理分散，妇女受教育程度提高和妇女工作机会增加。[②] 虽然这些变化首先冲击了欧洲和北美洲国家的老人关怀方式，但是

[①] Sundström, Gerdt (1982), "The Elderly, Women's Work and Social Security Costs", *Acta Sociologica*, 25 (1): 21–38.

[②] Ting et al. (2009), "Elder Care: Is Legislation of Family Responsibility the Solution?"

如今也逐渐波及亚洲国家。①

在大多数西方国家,关怀老人的机构包括当地居家养老屋、独立协助生活设施、养老院和退休持续关照社团(continuing care retirement communities,简称 CCRCs)。②家庭护理就是通过机构、组织或个人的支持和指导,以家庭环境模式向老人提供护理的关爱方式。一般而言,这样的家庭护理所居住的老人至少有 2 名,至多有 6 名。

2. 性别差异

根据"家庭护理提供者联盟"(Family Caregiver Alliance)的相关数据,大多数家庭护理提供者都为女性。众多研究都是从妇女和家庭照料角度出发,然而并不是所有人都专门关注性别和照顾问题,因此可归纳为以下几点:第一,使用女性看护员进行家庭护理的在美国各州大致为 59%—75%;第二,看护人员的平均年龄为 46 岁,女性,已婚,并且收入是家庭收入的额外部分,年

---

① Huang, Shirlena; Thang, Leng Leng; Toyota, Mika (2012), "Transnational Mobilities for Care: Rethinking the Dynamics of Care in Asia", *Global Networks*, 12 (2): 129.

② Kane, Robert L. (1986), "Medical Care for the Elderly in Other Western Countries", *Home Health Care Services Quarterly*, 7 (3-4): 307.

平均工资为 35000 美元；第三，虽然也有男性护理员，相比较男性护理员，女性护理员的工作时间是其 1.5 倍。

（三）西方国家老人关怀立法与政策

1. 美国

根据美国健康与人类服务部的统计，2013 年美国 65 岁以及 65 岁以上的老人达到 4300 万，[1] 占了美国总人口的 13.7%，大约每七个美国人就有一个老人。自 2002 年以来，美国老龄人口以每年 21% 的速度在增长，而 65 岁以下人口则以每年 6% 的速度在增长。在现有 65 岁以及 65 岁以上的老人中，女性和男性比例大概为 129 比 100，而在 85 岁以上老人中，女性和男性比例大概为 200 比 100。根据美国有关部门测算，按照现有速度在 2030 年美国老人人口将会达到 7100 万，大致是 2013 年统计数字的一倍，届时将占美国总人口的 19%。[2] 这也就意味着，在未来需要建立更多的老人关怀设施。

不过在有选择的情况下，一般老人还是愿意居住在

---

[1] Aging Statistics, U.S Department of Health and Human Services, June 2014.

[2] ALFA, Assisted Living Federation of America.

自己家里养老。老人随着逐渐丧失自理能力,就面临两方面选择,一是需要家庭成员给予额外帮助,二是搬到养老机构。这时,老人的子女就面临一个艰难的挑战,即如何帮助其父母做出正确选择。[1] 辅助生活(assisting living)是需要每天日常辅助的老人的最佳选择,它比养老院价格稍低,但是对大多数老人而言还是价格偏高。[2] 居家照顾服务(home care service)可以让老人在自己家里居住较长时间,且成本最低。[3]

近些年,在美国出现一种新型服务,它可以帮助老人在自己家里居住更长时间,这被称为"临时看护"(respite care)。[4] 这类服务可以允许老人自行判断自己需要服务的时间、类别和范围,从而在保证老人获得较高质量服务的同时,其看护人也能得到较长的休息和放松时间,最终避免老人过早被永久送往家庭以外的养老机构。美国另一个突出的老人关怀方式是"急症护理"

---

[1] Gross, Jane, "Faced with Caregiving, Even the Experts Struggle", *New York Times* (July 2008).
[2] "Assisted Living", *MedLine Plus*, 26 September 2012.
[3] "Senior Care", *Geri Care Finder*, 27 September 2012.
[4] "Caregivers Catch a Break with Respite Care", Best Assisted Living. com, 2008 - 10 - 01.

(acute care），也就是说在医疗机构里单独设置一个类似居家环境的场所给老人，同时又能及时针对老人急症提供医疗服务。①

至于长期护理这一类型，一般采取与当地老年机构或者一些老年代理机构，譬如银色生活或母亲之家等签订合同②的方式。而且，美国政府推荐人们上网查询相关数据来判断老人关怀机构的质量，如美国国家老年人医疗保险制度（Medicare）的数据。③

在法律保护方面，《美国老人法》（Older Americans Act，简称OAA）由美国第36任总统林顿·约翰逊（Lyndon B. Johnson）于1965年7月14日签署并生效，同年还建立了美国国家老年人医疗保险制度。《美国老人法》的出台归功于"老龄化管理"（Administration on Aging，简称AOA）机构的设立，这一机构是美国卫生与人类服务部（Department of Health and Human Services）的一个分支机构。《美国老人法》规定各州有权自行规定社区规划、服务项目、研究基金和在老龄化这一领域

---

① Acute Care for Elders Project, 2011.
② Area Agency on Aging, 15 May 2013.
③ "Tips for Choosing a Health Care Facility", USA. gov., 26 September 2012.

做出示范和训练项目。1972年,《美国老人法》进行修订,增加了针对老年人的国家营养项目。2000年11月13日,《美国老人法》再次修订,这次增加了"国家家庭护理提供者支持项目"(National Family Caregiver Support Program),这一项目帮助成百上千的家庭得以更好地照顾年老或者残疾的老人。具体而言,它给予基金以资助国家和地方机构一些服务,譬如咨询服务、支援团等以社区为基础的服务,这些服务主要针对社会上年老且脆弱的群体,除此之外该项目还以家庭为单位,针对祖父母辈和孙子辈之间的关系调和提供服务。

总的来讲,《美国老人法》通常调整以下三类主要内容:一是老人财产规划(estate planning)和管理,包括免税问题;二是医疗补助计划(Medicaid)、残疾和其他长期养老计划;三是监护关系、托管关系和委托关系,包括信托管理。除了上述主要内容,《美国老人法》还涉及老人生活的方方面面,譬如防止虐待、照顾疏忽、欺诈,临终遗嘱安排,退休计划,社会安全福利,医生或医药指南,房东租客指南,房屋抵押和不动产协议,咨询和辩护权以及反歧视等问题。

2. 英国

近些年来，英国全国上下热烈讨论关于如何关爱老人这一问题，这一方面基于英国人口日益加重的老龄化现实，另一方面也是对以往关爱老人法律不足的一个补充。2011年，英国在政府年度报告中提出，各地方政府应保证当地老人获得最低政府补助，并将其纳入地方政府年度考核之中，这也防止了地方政府通过削减家庭援助服务而减少财政预算，从而可以更好地帮助那些无家可归者和患有严重残疾的居民。

政府报告还提出，防止虐待老人、提供更多养老场所和护理人员以及增加老人居家养老补贴，将成为地方政府的法定责任。这种强硬的态度来自于英国法律委员会长达两年的听证会和调研的结果，法律委员会力图简化法律条文，以便在实践中管理养老院、日常护理和房屋需求基金等问题上给予人们清晰的法律指导。英国首相承诺将以本报告为基础，起草详细的改革社会养老的计划，即出台相关的白皮书。另外，英国政府还成立了一个独立的经费委员会，以便可以更好地为未来改革服务。一些法律专家和学者也建议政府修改现有的养老法案，认为正是过去复杂的法律条款使得众多涉及老年人权益保障的案例至今搁浅在法院。在这份长达227页的报告中,英国法律委员会将当前涉及养老的40部法律形容为"立法不连贯的补丁"。根据相关调查,英国各地地方政府对待养老问题态度不一,有些政府针对居家养老老人提供了十分丰厚的财政支持,而有些政府则大幅削减这一开支以便节省成本。为了更好引导地方政府认真对待社会养老问题,报告中选用了"关键的""实质性的""中等的"和"较低的"等标准来评估各地年老和残疾老人关爱需求。报告还要求在全英统一养老的相关制度和规则,并认为这不是政府或法律委员会单方面的要求,而是基于更好地在实践中保护老人权益。[①]

2013年2月11日,英国卫生部向政府提交了一份报告,敦促政府加大英国老年人长期养老预算成本。作为政府执政中期成绩之一,英国政府格外重视这次报告,一旦这次法律修订尘埃落定,英国老人未来在长期养老方面将获益极大,这就保证工作一辈子的老人将不用为了支付沉重的养老成本而被迫花光自己的积蓄甚至卖掉房子。另外,这一改革措施被认为极大地改善了英国女

---

① http://www.telegraph.co.uk/news/health/elder/8505651/Law-Commission-elderly-care-must-be-reformed.html.

性老人的福利，这是因为在年满65岁老人里，女性占了68%的比例。这些改革措施包括以下几方面内容。

第一，75000英镑的封顶成本。目前，由于不存在封顶这一说法，平均每五位老人就有一位在面对高昂的医疗或养老成本时束手无策。从2017年开始，政府将对超出75000英镑的养老费用承担支付责任。

第二，引入新的入门费标准，即123000英镑。也就是说，政府将更早介入居民养老承担比例中，而这一新标准是过去的4倍。未来，老人将不必等到只剩23000英镑时才能申请政府援助，而是可以提高为123000英镑，即尽早申请援助。这一标准的实施可惠及10万老人，而这些老人是当前政策下无法享受优惠的群体。

第三，更为灵活地执行规则。譬如，对超过18周岁具有合理照顾需求的人提供免费护理；对尚未退休的人，按照其工龄执行更低的封顶养老标准；从2015年4月开始，没有老人会为支付居家养老成本而卖掉房屋，因此这些无法支付的费用，老人有权在其有生之年申请延缓支付。

直到下一届政府执政末期，上述改革将会花费近10亿英镑的预算，这些预算可以通过进一步提高遗产税征收门槛来实现，即从目前的 325000 英镑提高到未来 650000 英镑，而这预计在 2015—2016 年间实现。剩余的预算部分将通过"国家保险出资"（National Insurance Contributions）和单层退休金制度（Single Tier Pension）解决。①

总之，《关照和支持法案》（Care and Support Bill）最终将会纳入封顶制度，老人将有权保护其自身利益不受高昂养老成本的威胁，这是前所未有的改革。另外，随着扩大财政支持方式标准，将会加强保护贫困老人的福利。通过评估老人所拥有的财产、房屋和收入，法律可以确定老人养老所能获得的最大帮助。

◆ **洛奇戴尔案②：老人居家养老权利**

2014 年 11 月 18 日，大法官莫斯定（Mostyn）对 Rochdale MBC v KW（2014）案做出了一个相当有争议的判决。在这个案子中，莫斯定法官要求西柴郡的高等法院再次考虑《欧洲人权公约》第 5 条

---

① https://www.gov.uk/government/news/landmark-reform-to-help-elderly-with-care-costs.
② Rochdale MBC v KW［2014］EWCOP 45.

在剥夺居家权利时是否适用。本案当事人凯瑟琳，一名52岁的妇女，丧失了同意她自己养老安排的能力。MBC（英国洛奇戴尔市的一家法律服务公司）和当地的"临床委任团"（Clinical Commissioning Group，简称CCG）一起资助凯瑟琳女士的居家养老（一周七天，一天24小时）费用。莫斯定法官不同意西柴郡的高等法院大多数法官的意见，后者认为由于严重身体残疾以及由于该残疾只能选择大多时间待在家里的人，不能够被认为被剥夺了自由。这一决定主要围绕关于何谓"自由"的理论争议以及后续上诉事宜。

然而，在等待上诉法院审理结果的同时，莫斯定法官对案件的判决结果还有另外一层令人迷惑不解的地方，即试图向临床和社会工作人员提供一个行为指南，以便正确发挥其作用。或者也可以说，疑惑的地方是，判决试图安排老人在自己家里的养老生活。就目前来说，涉案双方当事人已经达成一个同意令（consent order），即凯瑟琳女士被剥夺了在家的自由。换句话说，即便是因为身体残疾而只能待在家里养老，也是对凯瑟琳女士自由权的剥夺。

虽然本案还未有最后结果，不过莫斯定法官的意见可能会对人权支持者提供一点希望，即在社区范围内帮助当地人争取更多自由权利，但是人们还是无法判断争取这些权利的请求本身，其是否具有正当性以及争取的理由。有一些报纸评论认为，涉案双方当事人必须书面解释达成同意令的原因。目前，该案仍在上诉期间。①

3. 加拿大

既有营利机构也有非营利机构进行与老人关怀相关的活动。因为成本因素，各个省按照各自管辖范围或者依据国家医疗保健区域划分，由政府出资建立老人关怀机构。在这些养老机构里，年老的加拿大人可以根据其年收入不同按照一定浮动比率支付费用，除此之外费用还与老人所接受的服务类别相关，譬如是基于"长期照顾"还是"辅助生活"。2010年1月卑诗省开始实施的"关爱老人项目"规定，除非老人的税后收入低于1.65万加元，他们对"长期照顾"所支付的费用占到其税后收入的80%，

---

① http://www.elderlycarelaw.com/archives/992.

至于"辅助生活"的费用则为税后收入的70%。①

4. 澳大利亚

自1984年以来,澳大利亚开始迈入实施家庭护理服务职业化高速发展时期。关爱老人就意味着要确保每一个澳大利亚人都能基于其护理成本得到满意的服务,这也有赖于个人的收入和资产。② 这也就意味着居民只需要支付他们所能支付的费用,而剩下的则由联邦政府的福利政策解决。作为澳大利亚法定机构,生产力委员会(Productivity Commission)在2010年开始对全国老人关爱问题进行调查,并在2011年做出相关报告。该报告认为澳大利亚将近有80%的老人是通过家庭、朋友和邻居这种非正式的养老方式进行养老,有近100万的老人可以收到政府发放的老人关爱服务补贴,但是这些老人仅能收到低水平的社区服务支持,只有16万老人可以得到永久的家庭护理(residential care)。2009年至2010年,澳大利亚政府在社会养老方面已经支出1000亿澳元。③

---

① Elder Care BC, "Assisted Living Vs Long Term Care", Elder Care BC. com.
② "Aged care Australia", Department of Health and Ageing.
③ Productivity Commission (2011), Caring for Older Australians: Overview. Canberra: Productivity Commission.

对于老人关怀需要的增加，以及现有养老系统中存在的弊端（譬如缺乏熟练工和养老场所不足所引发的配给矛盾），都导致澳大利亚政府从2000年开始陆续开展若干调查工作，最终得出结论认为澳大利亚养老制度需要进行改革。而这一观点在2011年生产力委员会的调查报告中也出现了，并且还给出了更加详细的改革方案。①为了更加契合2013年政府施政报告中所提出的"更长寿命、更好生活"的这一核心思想，澳大利亚政府已经在现有养老制度中除了关注普遍性问题之外，还另外增加了对无家可归者、痴呆患者和退伍军人的特殊照顾。②

总之，澳大利亚养老制度被公认为是最完备的制度之一，这归功于各个州和联邦的基金制度。而澳大利亚政府能够从实际出发，认真对待每次人口普查和社会调研，从而制定出更加符合实际需求的法律制度，也是其成功的原因之一。

5. 俄罗斯

《俄罗斯联邦宪法》第7条规定：在俄罗斯联邦，人

---

① Bethanie, "Aged Care Glossarys", *Bethanie*, 16 August 2013.
② "Living Longer, Living Better-legislative changes", Department of Health and Ageing, Australian Government, 12 July 2013.

的劳动与健康受到保护,规定有保障的最低限度的劳动报酬,保证国家对家庭、母亲、父亲、儿童、残废人和老年公民的支持,发展社会服务系统,规定国家退休金、补助金和社会保护的其他保障措施。

第39条规定:(1)在患病、致残、失去供养人、为了教育子女和法律所规定的其他情况下,对每个人按照年龄提供社会保障。(2)国家退休金和社会救济金由法律规定。(3)鼓励自愿的社会保障,建立补充的社会保障形式和慈善事业。

《俄罗斯联邦家庭法典》第87条规定:"有劳动能力的成年子女,应赡养其无劳动能力需要帮助的父母,并关心他们。"

6. 挪威

2014年,国际助老会(HelpAge International)公布的全球老龄化观察指数(Global Age Watch Index)显示,按照老年人收入安全、健康和提供能动环境三项指标评估,挪威在全球96个国家中排名第一。[①] 不仅如此,挪

---

① Global Age Watch Index 2014 Report,"Data visualizations-Ranking Tables",http://www.helpage.org/global-agewatch/population-ageing-data/global-rankings-table/,2015/03/28.

威"儿童、福利和老人"研究机构（Institute for Research on Childhood, Welfare and Ageing，简称NOVA）认为，挪威在关爱老人（elderly care）方面的做法要远超过其世界排名，这表现在：其一，挪威政府对关爱老人的财政预算占其GDP的2.2%，挪威老人总人口的3/4受益于居家养老，仅有3.9%的老人使用长期护理；其二，挪威关爱老人的法律制度健全，按照国家和市级两个级别划分医疗护理机构的法律责任，其中市级政府承担关爱老人护理服务的主要责任，从而确保老人能够享有高质量的生理和心理医疗服务。①

（1）政府关爱老人的举措

挪威全境430个地级市政府负责提供当地老人基本健康服务，包括家庭医生、健康复原和室内室外医疗护理。受益于挪威北海蕴藏的丰富石油和天然气，挪威中央政府成立了"政府养老金基金"，其资金主要来源于挪威能源公司缴纳的税费，迄今为止该基金已经拥有8850亿克朗。除了针对普通老人的健康医疗服务，挪威政府还制定了"对抗老年痴呆"的七年计划，包括三项

---

① Norway in top three for elderly care, http：//theforeigner. no/pages/news/norway-in-top-three-for-elderly-care/ 2015/03/28.

内容：一是向患有老年痴呆的老人提供力所能及的日常任务；二是提供适合老年痴呆老人居住的房屋；三是向社会普及该种病的相关知识。关于第二项，挪威政府通过调查发现，挪威很多地方的房屋大多为多层和多楼梯，容易使老人迷路，何况患有老年痴呆的老人。因此，挪威政府提供无息或低息贷款改建房屋和新建房屋。自1997年到2005年，挪威政府投入66亿克朗，平均每一位65岁老人为1万克朗。

为进一步提高老人日常生活的舒适度，挪威政府还对老人购买电子设备或帮助设备提供财政支持。比如，电子床垫感应器可以让人起床和自动开灯，如果老人比往常晚起，感应器会向护士或其他专业人士发送警报短信或电话；或者有特定电子装置的窗户和门，当患有老年痴呆的老人在附近徘徊时，可以发送沉默警报。

挪威公立养老机构的经费是由当地政府支出，仅向居住的老人收取象征性费用。比如，一名老人居住在公立养老机构的房屋，不像其他国家那样仅拥有一张床位，而是带有独立厨房、卫生间和卧室的小公寓，每月需支付1400克朗，包含全部租金、医疗护理费用和食物，这样的价格远远低于奥斯陆市中心的房租。不仅如此，针对特别贫穷的老人，挪威政府规定可以免费入住。①

自2001年开始，挪威效仿英国国家健康服务（National Health Service，简称NHS）和周边相邻国家的做法，规定年老病人可以登记一名全科医师（General Practitioner，简称GP），而GP可以向老人提供所有公共财政支持的首要和次要的健康服务，GP一般都是个体经营，但都必须与挪威市级政府签订合同接受必要的监督管理。2011年，欧盟年度国家报告中，挪威代表Axel West Pedersen认为经过10年实践，这一做法取得了积极效果。②

2009年，挪威政府发表了一份白皮书，旨在改革现有的医疗服务和关爱老人的相关制度。这份白皮书名为"协调性改革"（The Coordination Reform），即协调首要和次要健康服务，以及协调健康服务和关爱老人之间的关系，其实质就是进一步协调国家机构和市政机构各自管理的关爱老人健康服务，以达到：第一，满足老人生理和心理双重健康需求，在养老机构推行"有尊严关

---

① Why Norway is No. 1 for seniors, http://www.thestar.com/news/world/2014/10/12/why_norway_is_no_1_for_seniors.htm, 2015/03/28.

② Axel West Pedersen, Annual National Report 2011 Pensions, Health Care and Long-term Care, European Commission DG Employment, Social Affairs and Inclusion.

爱"计划；第二，重视健康服务系统的统一运行；第三，确保健康服务中有控制的成本和高效率。

2012年，挪威中央政府进一步提高关爱老人的服务标准，一方面给予地级市政府更多财政支持，另一方面要求地级市政府在履行这一责任时必须提高效率，比如老人已经获得出院许可而迟迟未能出院的，市政府必须向老人支付每天700克朗的滞留费。通过双重刺激，挪威政府旨在提高老人居家养老质量，减少公共或私人机构床位紧张现象。

（2）法律制度

挪威法律并没有强制子女照顾父母，相反法律将这种关爱老人的责任转移到相关健康服务机构。根据1982年《市政健康服务法》（Municipal Health Service Act）第66条，健康服务机构的责任为："1. 提高老人健康并预防疾病、受伤和生理缺陷；2. 诊断和护理疾病、受伤或生理缺陷；3. 医学复原；4. 健康机构之外的护理和照顾。"《市政健康服务法》第1条第3a款规定，市政必须根据法律规定计划、组织和提供服务，而接受服务的人们将可以有"安全感、尊重和可预见的环境；尽可能地自我照顾；基本生理照顾；做饭协助和足够时间吃饭；

个人卫生的帮助；穿衣和脱衣帮助；保持日常作息的帮助；隐私和自我决定的可能；保持社会联系；参与室内室外活动；必要的医疗护理、复健和照顾；必要的牙齿护理和治疗"。2002 年，《市政健康服务法》进行了修订，将"特殊健康服务"（主要指医院住院服务）责任转移到国家级医疗机构，这些国家医疗机构受挪威健康董事会（Norwegian Directorate of Health）和卫生部（Ministry of Health）双重监督管理，并且这些医疗机构都是非营利性质的。

1991 年《社会服务法》第 1 条就明确规定了该法的宗旨为："促进财政和社会安全，提高贫穷人口的居住环境，致力于更好的社会平等，防止社会问题"和"确保每一个人有机会与其他人一起过独立、积极和有意义的生活"。《社会服务法》第 4 条第 1 款确定"社会服务"的目标就是为了解决或预防社会问题而提供信息、建议和指南，如果"社会服务"未能提供上述帮助，政府必须尽可能确保有其他替代措施。《社会服务法》第 4 条第 2 款规定了"社会服务"的内容为："由于疾病、残疾、年老或其他原因，向有需要的人们提供实用的协助和培训；短期照顾以便减轻有特殊负担的护理人的压力；由于残疾、年老或其他原因,向有需要的个人和家庭提供支持;由于残疾、年老或其他原因,向有需要的人们提供护理机构服务;向有特殊负担的护理人提供财政帮助。"

1999年《病人权利法》规定,针对老人和残疾人的居家服务必须由市政组织、管理和财政支持,而享有服务的老人仅需要支付较小比例的费用,具体费用数额根据不同地区而有所变化。[①]

2008年6月,在丹麦哥本哈根丹麦国际会议中心举行的"地区、国家和跨国层面上关爱老人的转变"(Transforming elderly care at local, national and transnational levels)大会上,瑞士学者Rahel Strohmeier和Navarro Smith提交了一份题为《关爱老人的重组:意大利、瑞士和挪威的不同机构路径》(*Re-Organising Elderly Care: Different Institutional Approaches in Italy, Norway and Switzerland*)[②]的报

[①] http://www.alzheimer-europe.org/Policy-in-Practice2/Country-comparisons/Home-care/Norway.

[②] Rahel Strohmeier, Navarro Smith, "Re-Organising Elderly Care: Different Institutional Approaches in Italy, Norway and Switzerland", Paper for the International Conference at the Danish National Centre for Social Research (SFI) "Transforming Elderly Care at Local, National and Transnational Levels", Session 15: Shifting local and national contexts of elderly care, Copenhagen, Denmark, 26 – 28 June 2008.

告，在这个报告中，Rahel Strohmeier 比较了三国的关爱老人的具体实践，尤其是挪威经验和模式，他认为有两点值得学习：第一，关于服务的获取（access to services），挪威采用公共的单一门槛（one-entry）系统和综合管理方式，并且所有向老人提供的服务都由国家法律进行统一规定，而由地方进行执行。最为主要的是，挪威老人享有的各项服务，其参与者主要是公共机构，而私人机构必须在接受统一管理的基础上在某些地区参与某些特殊服务（如特定的门诊治疗或简单的外科手术）。第二，挪威的关爱老人模式为多元管理（managerial-pluralistic mode），如此在服务提供方面不会因为地区不同而不同，这种多元模式既以公共机构为主，加上一些私人机构提供的外源服务（outsourced services），因此可以确保按照一致的标准向全国老人提供优质服务。

三 亚洲国家老人关怀现状

（一）新加坡敬老的立法与政策

20世纪60年代，新加坡65岁以上老人占新加坡总人口的9%，以此类推，到2050年，新加坡65岁以上老人的社会指标将达到62%，2065年新加坡65岁以上老人将达到历史新高，即72%，尽管计算指标有不确定性因素，但老龄化引起了新加坡政府的高度重视。为了应对人口老龄化所带来的一系列社会问题、经济问题，新加坡政府通过制定出台法律、规章来确立国民和老龄人群社会保障地位，使之具有制度上的合法性、稳定性。为此，新加坡政府先后制定并出台了养老、敬老、助老的政策和法规。[①]

1994年，新加坡政府制定了《赡养父母法》，成为世界上第一个为"赡养父母"立法的国家，从而为新加坡的养老、敬老、助老提供了法律保障。该法规定，如果发现子女确实未遵守该法，法院将判决对其罚款1万新加坡元或判处一年有期徒刑。1996年6月根据该法，

---

① 由于政策多变性，本书所提及的部分新加坡养老政策，可能已经被替代或更新。最新政策，可以查阅新加坡建屋局等相关政府网站。

新加坡又设立了赡养父母仲裁法庭，仲裁庭由律师、社会工作者和普通公民等组成，地方法官担任主审，若调解不成再由仲裁法庭开庭审理并进行裁决。[1] 为了弘扬孝道，新加坡政府还持续出台了与《赡养父母法》相配套的，且带有明显倾向性的政策。[2]

1. "敬老保健计划"

1993年至2014年间，新加坡政府陆续推出4个专门的"敬老保健金计划"，每次拨款5000多万新加坡元，受惠人数达17万到18万。

2. "三代同堂花红"

新加坡政府还推出"三代同堂花红"，规定与年迈父母同住的纳税人所享有纳税的相应利益。因病重而严重残疾的人，如果家庭月收入不到700元，每月可获得180元援助金；家庭收入在700—1000元之间，则每月可获100元援助金。[3]

---

[1] 《国外如何让子女"常回家看看"》，《长沙晚报》2013年7月3日第1版。张晓林：《国外应对人口老龄化的做法和启示》，《中国经济时报》2014年5月27日第6版。

[2] 张晓林：《国外应对人口老龄化的做法和启示》，《中国经济时报》2014年5月27日第6版。

[3] 《国外如何让子女"常回家看看"》，《长沙晚报》2013年7月3日第1版。

3. "乐龄公寓"计划

20世纪90年代末,新加坡推出"乐龄公寓"计划,即专门为独居或只和老伴居住的老年人提供乐龄公寓,这类公寓通常面积在40平方米左右,价格低廉,一般只需五六万新元即可购买。乐龄公寓一般都建在成熟社区内,各种设施齐全完善,公共交通便利。此类公寓使用权一般为30年,可延长使用期但不能转让和继承。

4. 调整住房政策

通过住房政策鼓励子女与父母共同居住。第一,建屋局规定,在分配政府组屋时,对三代同堂的家庭给予价格上的优惠和优先安排,同时规定单身男女青年不可租赁或购买组屋,但如愿意与父母或四五十岁以上的老人同住,可优先照顾;对父母遗留下来的那一间房屋可以享受遗产税的减免优待,条件是必须有一个子女同丧偶的父亲或母亲一起居住。[①] 第二,新加坡政府还规定,从2008年4月起,凡年满35岁的单身者购买政府组屋,如果是和父母同住,可享受2万新元的公积金房屋津贴。而在购买组屋后就必须要住,否则将面临高额罚款及牢

---

① 王睿卿:《美国:赡养老人可少缴税　日本:政府出资培训护工》,《上海法治报》2012年10月23日第8版。

狱之灾。① 第三，新加坡的年轻人买房，若是距离父母不超过4公里，每套房政府就会补贴3万到4万元。②

5. 试行以房养老

新加坡是实施住房养老模式比较成功的一个国家。退休者将自己的住房抵押金给金融机构，按月从该金融机构获得现金收入，退休者仍住在自己的住房内。但这一模式总体占比很低，只是一种可选择的养老方式。新加坡有三种形式的"以房养老"：一是通过出租部分或者全部居室来换取养老收入，二是通过"以大换小"获得养老收入，三是平常所说的倒按揭，也就是反向。每种形式都与政府密切相关。前两种主要针对新加坡政府出资建造的组屋，第三种则主要针对私人建造的商品房。第一种是允许符合条件的组屋拥有者出租全部或者部分居室来换取养老收入。新加坡政府允许老年人通过出租整套组屋或组屋的某间空房获得一定收入。新加坡国家发展部的一项最新调查显示，新加坡有25.4万年满55岁的组屋屋主，占屋主总数的30%，其中近八成已经付清组屋贷款。在这些老年人中，出租整套组屋或

---

① 《赡养父母在国外》，《法制日报》2015年1月11日综合新闻版。
② 《为孝行辟绿色通道》，《中老年时报》2015年3月1日第4版。

某间空房的人约占总数的1/10。第二种是老年夫妇可以将现有的较大面积的住房置换成较小面积的住房，通过"以大换小"获得养老收入。对于一些原来居住在较大面积住房的退休夫妇来说，如果子女长大成人并且已经搬到其他地方居住，老年夫妇可以将现有住房置换成面积较小的住房，以大换小后获得的净收入用作老年日常开支，或者投资一些风险小的产品来获得收益。当事人还可以根据经济状况选择一次性或者分步地完成住房的以大换小。2013年2月份，新加坡政府又开始正式实施"乐龄安居花红计划"。这一计划鼓励老年人卖掉现有大型组屋，搬到三房式或更小（相当于两居室或更小）的组屋或小型公寓，以领取乐龄安居花红，这一花红最多也可达2万新元。不过大屋换小屋所得收益也须有一定数额填补老人的公积金退休户头，剩余部分则可全数提取现金。第三种就是平常所说的倒按揭，也叫反向，主要是针对私人建造的商品房。在新加坡，60岁以上的老年人可以申请将房子抵押给有政府背景的公益性机构或金融机构，由这些机构一次性或分期支付养老金。老人仍居住在自己的住房内，待其去世后，房屋产权由这些机构处置，抵押变现并结算利息，剩余的钱则交给其继承人。①

尽管如此，新加坡的敬老工作也并非完美无缺。在现代化的冲击下，年青一代的敬老思想已经明显淡化。比如有媒体就批评道："很多年轻人不懂得敬老尊贤，地铁和巴士上常碰到没人肯让位的情况，应该让年轻一代了解老人家的难处和需要。""很多老人家一大早起来练太极，但年轻人却想睡迟一些，嫌楼下的太极拳音乐扰人清梦……也有年长者要求我们在楼下设更多长椅，让他们可以边坐边等孙儿下课回家，但年轻人却要我们拆掉椅子，投诉说这些老人家聚在一起聊天，嫌他们太吵。"②另外，新加坡的公共养老设施也存在一定问题。新加坡卫生部长颜金勇在2013年到日本东京考察老人护理设施，他得出的一个印象是：日本在应对人口结构老龄化课题上领先新加坡约25年，但两国护老策略有相似之处，日本的经验可资借鉴。③

---

① 《形式多样的新加坡"以房养老"》，《南方日报》2013年10月22日第2版。
② 李静仪：《为方便老人公共场所应有更多公厕》，《联合早报》（新加坡）2014年9月7日第11版。
③ 《老龄化问题的多面向》，《联合早报》（新加坡）2013年10月1日第13版。

（二）日本敬老的立法与政策

作为世界上人口老龄化程度最高的国家之一，日本从20世纪70年代就开始步入老龄化社会。截至2013年，日本65岁以上的老年人口约有3190万，已占总人口的25.1%。日本政府发布的2014年《高龄社会白皮书》写道："日本正迎来世界上任何一国都未曾经历的高龄社会。"2013年，日本男性的平均寿命超过80岁，女性则超过86岁。[1] 在2014年日本"敬老日"前夕，日本卫生部发表了一份百岁老人的调查报告。调查显示，日本全国百岁以上人瑞比去年增加4423人，达58820人，创下迄今为止百岁老人最多的纪录。调查报告称，百岁老人中，女性占87.1%。总人数比去年增加4423人，是44年来的连续增加。[2] 日本卫生部预计到本世纪中叶，每2.5个日本人中就有1名65岁以上的老人。

整体而言，日本是亚洲较早进入人口老龄化社会的

---

[1] 汪一新、卫蔚：《日本四人一"银发" 养老事业在路上》，《新民晚报》2014年10月30日B1版。
[2] 《百岁老人90%是女性日本有近6万人瑞》，《南洋商报》（马来西亚）2014年9月13日第26版。

国家之一，早在20世纪50年代，日本政府和社会就意识到日本人口老龄化到来得很猛，发展得也很快，由此对日本社会经济发展构成严重影响，已经成为历届政府和社会头痛的问题之一，也成为日本非常严重且绕不开的社会问题。对此，在20世纪50年代末，日本加快了对人口老龄化的研究和相关法律规章的制定工作。经过数十年的研究，先后制定并出台了多项涉及人口老龄化的法律和规章。1959年，日本就颁布了具有历史意义的《国民年金法》。根据该法所规定的制度设计，日本实行三个层次的养老金制度，涵盖面极为广泛：由国家直接管理和运作的"国民年金"，以自由职业者、学生和无业人员等为对象，具有强制性；由国家进行管理和运营的"厚生年金"及"共济年金"，以企业职工及公务员等为对象；由企业自己管理和运营的"企业年金"及"个人年金"，以本企业员工为对象。此后，1963年出台的《老人福利法》、1982年出台的《老人保健法》与2000年出台的《护理保险法》相继从法律层面完善了对老年人权益的保护。日本在1971年还颁布了《高年龄者等雇佣安定法》，给企业强制性地提供了三选一的措施：提高退休年龄、导入继续雇佣制度、废除退休限定，以此敦促企业履行社会责任。①

人口老龄化也成为日本社会面临的重要问题，为了应对人口高龄化进程不断加快的情形，日本政府先后制定了一系列法律制度，并不断进行修改和补充，以期逐步完善社会保障体系。日本的老年人福利法规有很多，其中以《老人福利法》《老人保健法》《国民年金法》为三大重要法律，它们从社会福利、医疗保险、经济收入三方面对老人的基本权利提供了保障。《老人福利法》被誉为日本的"老人宪法"，因其第一次明确了老人福利的权利和义务。主要内容包括：政府出资修建养老院，为体弱老人提供服务；强调开拓高龄者对福利社会建设的参与机制，发挥老人知识渊博经验丰富的特长，为其创造更多的就业机会，探索和逐渐确立一种适合老人居家养老的方式和体制等。日本政府于1982年出台了《老人保健法》，规定70岁以上老人负担医疗费用总额的10%，其他老人和所有国民负担30%，老人定期体检等，使老人健康得到法律保护。制定该法目的是在确保医疗服务的同时，加强疾病预防、治疗及功能训练的综

---

① 张晓林：《国外应对人口老龄化的做法和启示》，《中国经济时报》2014年5月27日第6版。

合保健，提高国民健康水平，推进老人的福利事业。强调家庭和社区是老年人保健实施的社会基础，试图借助社区互助和家庭养老这些东方传统文化的社会基础，开展现代老年人保健福利活动，走出一条日本特有的社会福利发展模式。日本国会于1959年4月批准通过的《国民年金法》目的是向被排除在工薪族养老保险制度以外的农民、自营业者（个体工商户）等人提供公共年金。1985年日本政府对该法进行修改，将国民年金的覆盖面进一步扩大，工薪族及其配偶也必须加入国民年金。从而使国民年金制度成为日本全民化的养老保险制度，也成为了日本养老金制度的基础。

表10　日本年金年度余额、年均增长率及占年度GDP比例

(1961年到2012年)

年份	年金累计余额（万亿日元）	年金累计余额年均增长率（%）	GDP（万亿日元）	GDP年均增长率（%）	年金累计余额/GDP（%）	年金累计余额年均增长率－GDP年均增长率（%）
1961	0.6	—	80.2	—	0.7	—
1965	1.6	27.8	111.3	8.5	1.4	19.3
1970	5.1	26.1	188.3	11.1	2.7	15.0
1975	14.2	22.7	234.5	4.5	6.1	18.2
1980	30.6	16.6	246.5	1.0	12.4	15.6
1985	53.4	11.8	330.3	6.0	16.2	5.8

续表

年份	年金累计余额（万亿日元）	年金累计余额年均增长率（%）	GDP（万亿日元）	GDP年均增长率（%）	年金累计余额/GDP（%）	年金累计余额年均增长率－GDP年均增长率（%）
1990	80.5	8.6	449.4	6.4	17.9	2.2
1995	118.8	8.1	476.4	1.2	24.9	6.9
1996	126.3	6.3	488.0	2.4	25.9	3.9
1997	134.3	6.3	490.9	0.6	27.4	5.7
1998	139.8	4.1	495.7	1.0	28.2	3.1
1999	143.9	2.9	501.7	1.2	28.7	1.7
2000	142.5	-1.0	511.9	2.0	27.8	-3.0
2006	104.0	-5.1	506.7	-0.2	20.5	-4.9
2007	114.0	9.6	513.0	1.2	22.2	8.4
2008	120.0	5.3	501.2	-2.3	23.9	7.6
2009	108.0	-10.0	471.1	-6.0	22.9	-4.0
2010	124.0	14.8	481.8	2.3	25.7	12.5
2011	117.0	-5.6	468.2	-2.8	25.0	-2.8
2012	114.0	-2.6	474.6	1.4	24.0	-4.0
1961—1985年年均	17.6	17.5	198.5	5.2	0.1	12.3
1985—1999年年均	123.9	6.1	483.7	2.1	0.3	4.0
1999—2012年年均	117.9	0.7	491.1	-0.5	0.2	1.2

资料来源：1961年到1999年年金余额数据来自日本社会保险研究所，《日本1999年年金白皮书、年金储备运用》；其他年份年金数据为当年3月底的年金余额，数据来自野村证券研究所"Japan's Asset Management Business 2012/2013"；GDP数据来自国际货币基金组织网站。

日本人一贯奉行忠孝之义，对老年人是相当尊重和重视的，他们既怀念祖先也孝敬老人。但据报道，近年来，日本老年人的生存状况却出现了不断恶化的趋势，不少人不愿意赡养老人甚至虐待老人，打骂老人的恶性事件不断发生，孝敬老人的传统从根本上发生了动摇。日本厚生劳动省进行的有关家庭虐待老人调查数据显示，在一年内，日本国内共有2000多起虐待老人案件，其中10%情况十分严重，涉及了生命安全。基于此，日本政府不得不通过严格的法律来解决这一社会问题。2005年，日本国会通过了《防止虐待高龄者及养护者支援法》并于2006年生效实施，该法首先界定了什么是虐待老人行为，并把这些行为细分成5类：第一是身体上的虐待，对老人施暴，使其肉体受到伤害，留下瘀青造成痛苦等，比如殴打、脚踢、捏掐或强制性恶意喂食等。第二是放弃护理和照顾，不给予必要的关爱，使老人身心状态恶化，比如不给洗澡，不给饮水，使其处于脱水状态，放弃护理不管不问等。第三是心理上的虐待，咒骂、威胁、语言伤害等，让老人精神痛苦。第四是性虐待，比如老人大小便失禁，让老人裸露下身不穿裤子等。第五是经济上的虐待，不经本人同意非法处理或使用老人的财产等，比如随意使用老人的存款和养老金，变卖老人的家产，或不向老人支付生活费等。另据该法规定，如果发现老人有明显被虐待的情况，政府有权介入，甚至入室调查处理。左邻右舍如察觉邻居虐待老人，也有举报义务。政府还有权对被虐待的老人实施临时保护。如果受虐待老人的家属拒绝接受调查，政府有关部门有权处以30万日元罚款等。①

此外，《日本刑法典》第30章，第217—219条对遗弃罪做了详细规定。第217条规定，遗弃老人、幼年和身体有残疾或者疾病需要帮助的人，处一年以下徒刑；第218条规定，遗弃老人、幼年和身体有残疾或者疾病需要帮助的人，并对其生存的必要保护不作为，处三月以上五年以下徒刑；第219条规定，犯前两条导致被遗弃者死伤的，与伤害罪相比较，则重处罚。

严格的法律对于保障老年人的合法权益、确保老年人安度晚年起到了一定的作用。然而，从近年来的情况来看，日本的情况并没有好转多少，凸显了进一步加强法律应对的必要性和紧迫性。如日本厚生劳动省发布的报

---

① 张莉霞：《虐待事件令人发指　日本用法律防止虐待老人》，《环球时报》2005年11月4日；赵成诛：《日本用法律防止虐待老人》，《老人报》2009年11月11日。

告显示，2010年，日本全国65岁以上人口遭受虐待案件总计1.68万起，比上一年度增加1073起。这是2006年开始调查老人遭虐情况以来，虐待案件数量连续4年同比上升，创下新高。日本市、町、村等基层行政机构2010年接到2.58万起涉及虐待老人的投诉和通报，在这些案件中，老人遭受暴力手段实施的身体虐待的比例最高，达到63.4%；其次是谩骂、侮辱等精神虐待，占39%；放弃赡养和剥夺财产这两种经济虐待所占比例分别占25%。调查显示，来自家人的虐待是日本老人最大的"痛"。2010年，家庭内发生的虐待老人案增加1053起，为1.67万起。施暴者中，比例最高的是儿子，占42.6%，其次是丈夫，占16.9%，最后是女儿，占15.6%。[①] 另据日本《京都新闻》消息，日本滋贺县完成的2012年度县内高龄人群受虐待调查结果表明，滋贺县内受虐待人群新增306人，多为受到暴力或放弃护理等情况。其中，30人的生命及身体安全处于危险状态，情况比较严重。这306人的统计结果是县内各市、町机构通过受理当事人本人及相关福利对象的咨询调查出来的，其

[①] 冯武勇：《日本社会之痛：虐老现象令人发指》，《新民晚报》2011年12月16日。

中"受虐待"的人数是根据咨询内容判断出来的。在306人中，女性人数为234人，占总数的76.5%。根据咨询内容，可以看出虐待类型包括踢、掐等暴力行为，这部分咨询案件占所有咨询内容的60.4%；冲受害者吼叫或其他无视受害人心理的虐待类型占45.3%；不给当事人吃饭等劣质的看护、遗弃或疏于照顾等情况占30.5%；骗取养老金等经济方面的虐待占18.8%。在众多咨询者中，有1人曾多次受到上述多种虐待。调查还显示，对高龄者施以虐待的加害者人数有340人。其中来自儿子的虐待最多，有126人，占所有施虐人群的37.1%；此外，丈夫或女儿施虐的情况同样多，均为58人，所占比例均为17.1%；还有儿媳妇施虐的达到31人，比例为9.1%；妻子施虐的有30人，比例为8.8%。[1]

总而言之，20世纪80年代之前，日本更多地强调国家、地方政府和相关社会组织的养老责任，很少见到家庭养老的内容。近年来，由于社会养老成本过高，以及难以解决精神慰藉问题，政府开始强调家庭养老的价值，

---

[1] 江颐：《日本滋贺县高龄人群受虐多来自家庭赡养》，日本新华侨报网，http://www.jnocnews.jp/news/show.aspx?id=68863，2015年3月6日访问。

并对家庭养老给予政府补贴。其中，1982年，《老人保健法》的出台标志着日本老人福利政策的重心开始发生转移。此后，1986年，日本政府制定了《长寿社会对策大纲》。这项法律和1989年制定的"黄金计划"相结合，以居家养老、居宅看护为发展方向，构建了具有日本特色的"居家养老"模式。具体而言，由政府出资，培训10万家庭护理员，负责看护老人、处理家务；普及托老所，提供短期入住、看护、治疗；设立70亿日元的长寿福利社会基金，推出"银色住宅计划"，开发了一批低价位的"三代同堂"式住宅，对愿意入住的家庭提供优惠贷款。同时，鼓励发展民间福利机构，推动老年保障社会化、多元化。日本政府还规定和实行了一系列有利于推进家庭养老的社会保障措施，包括：如果子女照顾70岁以上收入低的老人，可以享受减税；如果照顾老人的子女要修建房子，使老人有自己的活动空间，他们可以得到贷款；如果卧床老人需要特殊设备，政府予以提供；同时在社会舆论上提倡三代同堂，提倡子女尽抚养老年人的义务。[①]

[①] 王睿卿：《美国：赡养老人可少缴税　日本：政府出资培训护工》，《上海法治报》2012年10月23日第8版。

日本是一个较典型的"男子中心主义"社会，妇女一直是赡养照顾老人的重要力量。但在20世纪70年代，在工业化和都市化的迅猛冲击下，传统的"男主外，女主内"的家庭观念发生了深刻的变化，越来越多的妇女走出了家门，参加各种社会活动，家庭的"空巢"现象十分严重。于是，伦理学家提出了"一碗汤距离"的概念，即子女与老人居住距离不要太远，以"送过去一碗汤不会凉"为标准。这样，子女既有自己的世界，又能够方便照顾长辈。后来，有人发展了这一理论，提出近到"一碗汤"距离，最远为"一炷香"时间。正是由于子女与老人分开居住的距离不远，从而保障了子女能够"常回家看看"。如今，这一口号还被运用到楼市设计中，将适于年轻人居住的户型和适于老年人居住的户型结合到一个小区内，从而使"一碗汤距离"的小区成为人们居住的最佳地点。①

除了上述政策之外，日本地方还有一些值得关注的敬老政策。据日本《每日新闻》报道，日本九州铁路公司推出一款"孙辈车票"的优惠活动——小学生只需花

---

① 《赡养父母在国外》，《法制日报》2015年1月11日综合新闻版。

2000日元（约合120元人民币）就可在一天内随意乘坐该公司包括"奢华"新干线在内的所有线路的列车。这在新干线车票动辄就要七八百元人民币的日本来说，是很诱人的折扣。据报道，这项优惠的前提是必须和65岁以上的爷爷奶奶一同乘车，旨在以此拉近祖孙距离，让老人感受到来自孙辈的尊敬和温暖。对此有老人说，"东西多的时候孙子能帮我拿一下，那种感觉太幸福了"。另据日本《富山新闻》报道，富山市几年前就推出"祖孙同乐支援计划"。祖父母带着孙辈去指定的博物馆和动物园即可享受免费入场。这项计划推出后，指定场馆观众人数增加了13%。富山市市长称，虽然少了门票收入，但也没亏。爷爷奶奶为孙辈花钱反而更大方。[①]

当然，日本的敬老工作也并非没有问题。比如，素有"长寿大国"美誉的日本目前已有281名百岁老人下落不明。子女为攫取养老金而隐瞒老人的死讯，造就了众多"幽灵寿星"，亲情在金钱诱惑下的泯灭骇人听闻。而更深层次上，还折射出日本"孝道文化"的衰微和物质社会中人际关系极度冷漠的悲哀。日本向长者发放的

[①]《日本推"孙辈车票"敬老》，《中老年时报》2014年8月5日第4版。

养老金名目繁多，70岁以上老人可领取11.6万日元（约合9100元人民币）的"老人长寿奖金"。年长男子丧偶每年可领取100万日元（约合8万元人民币）津贴。有些老人和子女同居，其家属可以按月领取老人的养老金。只要未发死亡通知，定期的养老金就不会停止发放。因此，家人可能故意拖延通报死亡的时间以继续获得金额不菲的养老金。[1]

（三）韩国敬老的立法与政策

韩国保健福利部2012年11月发布的《国民保健医疗指标》显示，2011年韩国国民的预期寿命为81.1岁，与10年前相比增加4.4岁。另据韩国统计厅预测，到2017年，韩国65岁以上的人口将占总人口的17%，而到2026年这一比例将超过20%。[2]

韩国人崇尚"人伦之中，忠孝为本"的儒家思想，每年5月8日的"父母节"，把"父亲节""母亲节""老人节"三节合一，这一天，人们不仅会为自己的父

---

[1]《日本281名百岁老人失踪疑子女诈领养老金》，《华商报》2010年8月21日A1版。

[2] 万宇：《韩国：首尔时兴"银发商圈"》，《环球时报》2014年1月4日第4版。

母献上礼物和问候，社会上还会举办各种敬老活动。除此之外，10月2日又是韩国法定的"老人节"，当天也会举办敬老活动。韩国对敬老传统的重视于此可见一斑。韩国人敬老，在地铁这个公交窗口体现得非常充分。韩国的地铁车厢，每一节的前端两边是专门给老人和小孩坐的。在车厢里，年轻人宁可坐在地上，也不会占那些位子，即便那些座位是空着的。敬老爱幼在韩国已经是一种习惯了。韩国老人在家庭里的地位很高。在韩国人家里，老人最受尊敬，儿孙晚辈都以照顾体贴老人为荣。平时老人的饮食单独烹制，用餐时给老人设单桌，晚辈不得随意同桌。父子同席，儿子不得当着父亲的面抽烟喝酒。如有特殊情况，儿子也要转过身子遮着酒杯背着父亲一饮而尽，以示尊敬。吃饭时要先给老人和长辈上饭菜，等老人长辈举筷后全家方能就餐。韩国人对孝老的看重，甚至到了以此为标准评判一个人道德水准的地步。90%的韩国人都认为，孝是修身治家的基础，只有在家庭中尽孝，才能在工作上敬业，对国家尽忠。[①]

然而，近年来，韩国敬老的文化日益受到冲击。由于

---

① 晓辉：《敬老孝老的韩国人》，《老年生活报》2011年8月29日第8版。

韩国社会形态由过去的大家族为主逐渐变为小家庭占大多数，独居老人日益增多，一些老人离世多日后才被发现已"孤独死"的现象时有发生。针对这种情况，韩国从2007年推出老人共同生活的家庭养老模式。各地方政府将现有的敬老堂、村民会馆等限制用房重新整修翻新，组织独居的老人共同居住，互相照顾帮助，政府每月提供25万—30万韩元的补贴，保健所也会定期为老人做身体检查。据相关报道显示，这一改革取得了良好的效果。[①]

为了进一步推行敬老的文化，韩国政府还出台了一系列具体的措施，其中比较特殊的就是住房认购制度的改革。韩国建设交通部2007年发布的《住房认购制度改革方案》规定，从2008年开始，在韩国政府、大韩土地公社和大韩住宅公社提供的土地上建设的85平方米以下的一般民用住宅，将根据户主年龄、家庭人口数、无房时间以及收入等进行打分，然后按分数的高低来决定购房的优先顺序。赡养父母、岳父母、祖父母或外祖父母的家庭将获得优先购房权，最高可在申购房屋时加上3分。韩国媒体认为，这项规定一方面缓解了孝顺子女的

---

① 万宇：《韩国：首尔时兴"银发商圈"》，《环球时报》2014年1月4日第4版。

购房压力，另一方面也鼓励了赡养老人的良好风气，实在是一举两得。近两年韩国房价上涨势头迅猛，让很多想要购房的年轻人望而却步。因此，能在买房时获得加分优惠就显得十分重要，而如何鉴定加分标准也就成了关键。[1] 此外，在韩国，对于子女和父母各自拥有住房，又选择在一起生活的，政府还会免除一方出租或出售住房的所得税。[2]

韩国认为孝行是高尚的文化遗产，并于2007年专门制定了《关于奖励和支持孝行的法律》。该法第1条指出："本法的目的在于，从国家层面奖励孝道这一高尚的传统文化遗产的同时，通过孝行，不仅是为解决老龄社会所面临的问题，也可从中获得国家发展的原动力，此外还将为世界文化的发展做出贡献。"该法规定，保健福利部每5年要制定一次孝行奖励基本计划，从幼儿园直至大学均开设孝行教育，为赡养父母者提供赡养所需费用的部分资助，国家或地方自治团体要对使老年父母能

---

[1] 《各国养老政策 如何老有所依》，《老年日报》2013年12月31日第12版；王睿卿：《美国：赡养老人可少缴税 日本：政府出资培训护工》，《上海法治报》2012年10月23日第8版。

[2] 《"常回家看看"入法引争论》，《宿迁日报》2012年7月6日第6版。

与子女同住或生活在同一小区等而提供相应设备和功能居住设施的行为予以奖励。

2008年7月，韩国政府公布了一项新的养老制度——"长期护理保险制度"（Social Insurance Scheme for Long-term Care，简称LTC），与亚洲其他国家一样，上述制度的出现都是基于日趋严重的老龄化趋势和长期低出生率所致。LTC的出现，正是为了解决上述社会问题所引发的养老问题。2004年，韩国一项调查显示，韩国老人与子女同住以获得照顾的概率已经下降到38%。因此，韩国养老制度正在经历一场前所未有的挑战。

在制定LTC时，韩国政府将其定位为以捐献为主的社会保险模式（Contribution-based social insurace financing），这是因为韩国社会其他一些福利都是建立在各种各样的社会保险制度之上的，如健康保险、退休金、失业保险和工伤补偿等。通过使用现有的健康保险管理体系，韩国国家健康保险公司（NHIC）和LTC可以大大降低管理成本。另外，路径依赖也影响了LTC的资金来源，也就是说韩国的LTC并不是一项纯粹的社会保险，各种捐款来源要远远超出政府财政拨款。在健康保险的情形下，韩国健康福利和家庭部（MHWF）在LTC政策制定和日常管理中起到了十分关键的作用,当然 NHIC 也会参与这一过程。

LTC 与健康保险相互独立,而且鉴于 LTC 并非一个医疗性质的保险,因此有利于韩国政府向民众宣传以获得广泛捐款,不过由于 LTC 的资金独立于健康保险,因此未来如果这两项制度要进行合作的话,阻力较大。

LTC 的保险对象为韩国年满 65 岁的老人以及根据 TLC 规定符合条件的一些年轻人,但是 LTC 不适用于残疾人,这是因为政府优先考虑的是老龄化问题,而不是解决与 LTC 相关的社会问题,这就使得 LTC 仅针对年老公民护理需求,对韩国社会团结和稳定的作用是有限的。与健康保险不同,LTC 的被保险人必须首先通过一项功能限制评估(an assessment of functional limitations),NHIC 会从当地分支机构派出一个访问小组,以便对被保险人的行为功能状态进行评估。就行为功能限制标准而言,有三个级别,每一个级别都对应一个获益级别。当地评估委员会由不超过 15 名成员组成,包括 1 名社工、1 名医生或者传统中医。委员会所有的决定都建立在日常生活行为能力评估(ADL)上,即访问小组的报告,连同医生报告一起,成为委员会做出判定的基础。

不过，由于韩国老人对这项评估制度不熟悉，适用较少，仅占到被保险人人数的3%—4%。这一事实也使得人们对LTC的实际功效产生怀疑，对能够顺利快速地推广这一制度心存疑虑。

在LTC资金来源构成中，20%是政府财政拨款，20%（机构养老）或15%（居家养老）是个人缴纳，60%—65%是各类社会和企业捐款。穷人可以免交个人缴纳部分，养老所需的房间租金和食物费用不在LTC保险范围之内。

随着享受LTC的养老场所数量的增加，申请人数也在增加之中。2008年，大概有1530家养老机构加入LTC，提供大概64671张床位，这仅占了年满65岁及以上的老人人口的1.28%。另外，还有8011家居家式养老机构，但这也仅仅满足了2.2%的老人。因此，如何鼓励更多养老机构加入LTC，以及建立更多养老设施，是韩国政府实施LTC制度未来应该考虑的问题。此外，养老机构服务素质也有待提高，在初期推广LTC制度时，韩国政府没有特别限定门槛，只要符合一般资质，即可申请加入LTC，但是随着时间推移，一些良莠不齐的机构的加入，只会给如今供小于求的局面造成损害，因此以后如何考核、管理和审查养老机构的服务质量,也是LTC制度推行的重点。①

(四) 其他亚洲国家的养老立法与政策

1. 尼泊尔

受益于健康和经济红利,尼泊尔平均寿命从1951年的27岁增长到2008年的65岁。大约有85%的尼泊尔人居住在农村地区,也是因为如此,就十分缺乏政府出资的养老项目。按照传统习俗,父母跟其子女一起生活,如今大概仍有80%的老人依然如此。但是随着更多子女离开家庭去打工或者上学,这个数字可能会有所降低,而这将会增加尼泊尔老人单独居住的孤独感和精神心理问题。尼泊尔政府实施的第九个五年计划中,包括针对无子女老人的特殊关爱问题。政府在各个地区都建立了一个老人健康机构基金(Senior Health Facilities Fund),同时还出台了《老人健康机构基金执行指南》要求医疗机构对年老病人制定更加优惠的政策,以及在所有地区针对患病的贫穷老人实施免费医疗。尼泊尔政府打算在

---

① http://grammatikhilfe.com/LSEHealthAndSocialCare/pdf/eurohealth/VOL15No1/Kwon.pdf.

年度财政预算中拨出一笔资金，用于资助全国年满75岁以上患有心脏和肾脏疾病的老人，使其获得免费医疗。然而遗憾的是，很多计划都显得有点过于野心勃勃，是否能够真正实现，仍有待尼泊尔政府最后批准。众所周知，尼泊尔是一个发展中国家，因此可能没有足够的资金资助所有的计划，尤其是在政府目前每月向年满70岁老人和60岁寡妇支付生活补助之后，是否还有充裕资金对老人医疗健康给予补助，仍未可知。当前，尼泊尔境内已经建立了若干慈善组织，这些组织集中了大约1500名老人进行养老，大多数组织都是非政府资助，也基本上属于志愿者组织。[①]

2. 泰国

如今，泰国也在经历全球老人群体扩大趋势这一潮流，在鼓励控制生育和医疗水平提高的双重影响下，泰国老龄化现象也日趋严重。泰国政府已经注意到这个问题，但仍然倾向于让老年人留在家庭中由其家庭成员赡养，而不是制定一些专门的保护老人权益的政策或法律。2011年，泰国全境仅有25个由政府资助的养老机构，在

---

① "Status Report on Elderly People in Nepal", Geriatric Center Nepal, 2010.

这些养老机构中每一个都赡养着数千名老人。很多志愿者参与到这些养老机构中,但这些志愿者的自身素质、照顾老人的技能等都有待考量,即便如此也不能保证有足够数量的志愿者可以满足照顾老人的需求。寻找私人护理十分困难,只能是基于假象情况。这是因为大多数子女不愿意照顾其父母,而导致私人护理的需求量与日俱增。虽然有非政府组织可以提供一些养老辅助工作,但是这种组织的数量本身也十分少。

不过,目前泰国政府已经开始实施一些计划,以达到提高老人福利、关爱老人的目的。但是在实施中,如何实现平等和公平也是一个难题。泰国的有钱老人将有可能接触到更多照顾资源,然而贫穷老人只能利用政府仅有的一点资助资源,所幸的是根据有关研究,泰国全国有超出96%的人口都有医疗保险,并且根据险种不同享有不同的医疗服务。[1]

3. 印度

印度养老传统类似于尼泊尔,父母年老以后一般都是由其子女进行赡养,而且通常都是由其儿子进行

---

[1] Khananurak, Bhumisuk (2009), Health Equity in Thai Ageing.

赡养。① 根据印度传统文化，社会应尊重老人，尤其应尊重年老的男性。传统价值观将年老者看作智者，认为应该给予充分的荣誉和尊重。② 如今，印度也和其他发展中国家一样面临老龄化问题，据有关数据显示，印度年满 60 岁的老人大约已经有 9000 万。2012 年，印度第 60 次全国健康和居住条件调查样本分析数据表明，大约有 1/4 的老人健康状况堪忧，调查发现贫穷、单身、文盲和低收入人群里，这种老人健康问题更为突出。③

印度第十一个五年计划中，政府仿照尼泊尔的做法，制定了很多的跨越式目标，试图大幅度提高印度老人养老福利，保护老人权益。印度《宪法》第 41 条规定，年老公民有权获得医疗健康和福利的社会保障（Social Security）。印度 1973 年《刑事诉讼法》专门有

---

① Desai, Sonalde, Amaresh Dubey, B. L. Joshi, Mitali Sen, Abusaleh Shariff and Reeve Vanneman (2010), *India Human Development in India: Challenges for a Society in Transition*, New Delhi: Oxford University Press.

② Sivamurthy, M. and Wadakannavar, A. R. (2001) Care and support for the elderly population in India: Results of a survey rural North Karnataka (India).

③ Sumit, Mazumdar; Ulf-Goran Gerdtham (13 September 2011), "Heterogeneity in Self-Assessed Health Status among the Elderly in India", *Asia-Pacific Journal of Public Health*, 25 (3): 271–83.

一部分规定,受其传统文化影响,在老人生活无法自理的情况下,强制子女必须赡养老人。然而,非政府组织在印度老人养老制度中也十分普遍,这些组织提供了养老场所和志愿者关怀,但是政府政策和政府机构仍占据主流地位。

(五) 亚洲各国敬老文化对西方各国的影响

与东方国家相比,西方国家尤其是英美国家对敬老的强调程度较弱。这很可能是基于西方国家成熟的社会保障体系。不过,随着老龄化问题的加剧,西方国家也在一定程度上开始学习东方的敬老、养老方式。

英国像许多其他国家一样,正在努力应对人口老龄化的挑战。最近的调查显示,英格兰有大约80万名"长期孤独"的老人,还有500万名老人说,陪伴他们生活的主要是电视机。2013年,英国不断曝出关于照顾老年人方面的丑闻,包括虐待养老院的老人,或者对他们不管不顾,甚至有老人被饿死。在英格兰,大约有40万名老人住在养老院。英国卫生大臣亨特曾发表讲话说,英国的几十万老年人被社会忽略,这是英国的耻辱,所以应该学习中国和日本照顾老年人的经验。①

近年来，美国也相继推出了一系列鼓励子女赡养老人的政策。其中一条就是：纳税人只要申请并说明自己在赡养父母，就能享受减免纳税的待遇。这项政策最为人性化的一面则表现为：对于经济困难的子女，如果他们本身没有工作，或收入微薄，则可以向政府申请免税；同时，还能得到政府的补助。若这部分子女担负起赡养父母的责任，政府会为其提供廉租房，他们只需交很少一部分的房租，其余则由政府埋单。而且，每个月政府会为其提供食物券，可在超市使用。② 将父母等老人纳入免税资格时，有几项条件必须符合要求。第一，父母必须是美国公民、加拿大公民、墨西哥公民，或是持有绿卡和有合法常住身份的移民。第二，老人的年收入中，纳税部分不超过3500美元。就是说，美国国家提供给老人的退休金理论上无须纳税，可是老人的某些收入，比如利息收入、股票收入是要纳税的，这一部分不能超限，所以要认真计算。第三，纳税人支付老人的生活费用和

---

① 《英大臣呼吁学中国敬老文化》，《新华日报》2013年10月22日第B2版。
② 《赡养父母在国外》，《法制日报》2015年1月11日综合新闻版。

医疗费用总和的50%以上，即可申请父母为被赡养人。①

（六）亚洲主要国家与地区敬老立法与政策的启示

第一，要用法律规章来加以规范养老、敬老、助老事业。养老、助老和敬老事业的推进离不开立法的支持。新加坡、韩国和日本等国都在国内老龄化问题出现端倪时及时进行了相关的立法工作，从而为该国养老、助老和敬老工作的推进指明了方向。

第二，要推行多元结合的养老、敬老和助老模式。从目前来看，世界各国养老模式大致有六种类型：（1）家庭养老、敬老、助老模式。这种模式是以家庭为载体，主要由具有血缘关系的家庭成员为老人提供赡养服务。（2）居家养老、敬老、助老模式。这种模式是让老年人不离开自己的居所，就居住在自己的家中，由社会来提供养老、敬老、助老的服务，其中包括老年社区、托老所、老年公寓等。（3）组织机构养老、敬老、助老模式。这种模式是把老年人集中起来，居住到专门为老年人设置的组织机构。这种养老模式一般实行的是集中

---

① 《国外如何让子女"常回家看看"》，《长沙晚报》2013年7月3日第1版。

和分级管理,不同级别的老年人入住不同类型的养老机构。(4)互助养老、敬老、助老模式。这种模式是在完全志愿的基础上,把一些老年人与家庭外的其他老年人组织结合起来,相互关心、相互照顾、相互体贴。(5)异地养老、敬老、助老模式。这种模式是根据老年人的家庭、社会环境、医疗卫生和经济的状况,经过对比分析,将老年人迁出不同地域,在居住、环境、生活较好的地域养老。(6)以房养老、敬老、助老模式。这种模式在一些国家刚刚兴起,其内涵是将家庭和老年人的产权房抵押,或者进行出售、出租,换取一定数额的养老金或养老服务的费用,实现产权房价值的提前变现,以此解决老年人养老的资金来源问题。[①] 大多数国家都在本国国情的基础之上选择一种模式为主,其余方式多元发展的养老、敬老、助老模式。比如家庭模式在亚洲一些国家占主体地位,例如韩国、新加坡、日本等国,但它们同样选择了诸如组织机构模式、互助模式和以房养老模式。而欧美国家则是以居家模式为主,其余模式有机结合。

[①] 张晓林:《国外应对人口老龄化的做法和启示》,《中国经济时报》2014年5月27日第6版。

第三，养老、敬老、助老事业的发展离不开国家在经济上的大力投入。比如在瑞典，即使是没有固定单位的公民，退休后依然能得到每月至少7600克朗（约合人民币7300元）的全民养老保证金。完善的养老体系让瑞典老人可以自由选择自己的生活方式，有的人环球航海，有的人去泰国晒太阳，还有人去土耳其跳水。[①] 此种模式离不开瑞典政府的投入。瑞典是一个从"摇篮到坟墓"高福利的西方发达国家，其养老保险费用主要来自国家的财政支持，国家为此承担了养老、敬老、助老大部分费用。澳大利亚为养老、敬老、助老事业提供了大量的资金支持，澳大利亚的农村社会保障资金全部源于政府的财政补贴。澳大利亚养老机构所需的资金都是由澳大利亚联邦政府提供，其提供给需高级护理的居民3.5万澳元、需低级护理的居民1.5万澳元，接受养老机构服务的居民只需支付一定的护理和住宿费，一年约1万澳元。一些国家对农村社会养老保险资金来源中财政支持所占比例较高，德国为70%、奥地利为70%、芬兰为75%、希腊为90%。作为经济转型国家的波兰对农村社

---

① 《各国养老政策 如何老有所依》，《老年日报》2013年12月31日第12版。

会养老保险的财政补贴达到94%，财政补贴占国家财政收入的5%—6%，占国民收入的2%左右。新西兰、冰岛等国的农村社会保障资金也都来源于政府的财政补贴。值得注意的是，国家对养老、敬老和助老事业的投入也需要考虑自身经济的承受能力，否则可能在长远上适得其反。

第四，要制定具体的养老、敬老和助老的政策。养老、敬老和助老事业的推动不仅要有理念的灌输和宏观政策的倾斜，同时还需要有具体的措施将上述理念与政策落到实处。否则，敬老、尊老可能会流于虚化。日本、韩国、新加坡等国的经验证明，通过税收政策、住房政策和其他公共政策的调整，将敬老与社会主体的利益挂钩，其效果通常会显著超过单纯依靠理念灌输和国家强制所得到的效果。

四　当前我国孝敬老人相关立法体系

孝敬老人是我国的传统价值，也是绵延至今，卓有特色的中国价值。我国古代法制的核心价值之一就是"孝"，"孝敬"立法贯穿整个古代社会的始终。纵观古代"孝敬"立法，从主体来看，孝敬老人不仅是家庭卑幼的义务，还是国家社会的义务；从内容来看，孝敬老人不仅需要在物质上赡养无缺，更要在精神上做到"色难"；从法律形式来看，不孝者不仅是刑事法律的打击对象，也是行政立法的调整对象。概而言之，中国古代的"孝敬"立法周密而细致。

不孝罪是中国古代刑事立法的核心罪名。从夏商时代开始，我国古代刑事立法中就开始注重对不孝罪的打击。《秦律》规定：不孝子，弃市，弃之次，为城旦舂。意即不孝罪要处死刑。汉代开始，不孝罪名逐渐细化，不孝敬老人的各种行为，如杀伤、打骂、控告等，均要严惩。《北齐律》中，不孝罪为重罪十条，将诅骂祖父母、父母，不奉养祖父母、父母，以及违反服制的行为通通列入不孝罪进行严惩。《唐律》继承了这一传统，将不孝罪列入"十恶",在《名例律》中规定"谓告言、诅詈祖父母、父母,及祖父母、父母在,别籍、异财,若供养有缺;居父母丧,身自嫁娶,若作乐,释服从吉;闻祖父母父母丧,匿不举哀,诈称祖父母父母死"为不孝罪,而且在《户婚律》《斗讼律》中详细规定各种具体罪并处以杖刑、徒刑直至死刑的刑罚。

宋以后,唐律中不孝罪的立法被沿用下来。《宋刑统》完全继承了《唐律》的全部有关不孝罪的规定并且更加详细,如"若祖父母、父母及夫犯死罪被囚禁,而作乐者,徒一年半"。明清以后,不孝罪仍然被作为十恶重罪加以规定,并细化了"干名犯义"的罪名及刑罚规定,严禁子女等卑幼控告祖父母、父母等尊长辈的行为。

清末以后,由于西法的引进,古代法制中的不孝罪被修改了,其中"子孙违反教令""别籍异财""卑幼私用财"等行为被划入普通民事行为,而对尊亲属有犯等刑事犯罪依然要加重处罚。如《大清新刑律》第252条规定的发掘尊亲属之坟墓罪、第300条规定的杀尊亲属罪、第302条规定的伤害尊亲属罪等均规定了严厉的刑罚措施。对遗弃尊亲属等犯罪行为,《大清新刑律》第

340条也规定了处无期徒刑或二等以上有期徒刑。虽然"别籍异财"等行为不作为不孝罪处理，但《大清民律草案》中仍规定"父母在，若别立户籍者，须经父母允许"。

古代法制严惩不孝罪是与礼教文化相联系的，这对古代社会的稳定有一定的意义。西学东渐以后，我国法制逐渐取消了不孝罪，现行《刑法》中只有遗弃罪、虐待罪等罪名，且刑罚较轻。而在刑事司法实践中甚至出现伤害老人至轻伤、重伤仍然依照虐待罪处罚的趋势，最高人民法院强调对伤害家庭成员包括老人至轻伤的须按照伤害罪而不是虐待罪量刑的意见充分说明了我国现行刑事司法在贯穿孝敬老人方面所存在的偏差。

而且，孝敬老人不仅是家中卑幼的法律义务，更是国家社会的法律义务。我国古代法制不仅规定了家中卑幼对尊长辈的孝敬义务，更规定了国家与社会的敬老义务。汉高祖二年（前205年）二月颁布养老令："令全国上下举民年五十以上，有修行，能率众为善，乡一人。择乡三老一人为县三老，与县令、丞尉以事相教，复勿繇戍。以十月赐酒肉。"此项养老令虽然不是面向所有老人，但开了政府敬老养老的先河。文帝前元元年（前

179年）诏："令县道年八十以上赐米人一石，肉二十斤，酒五斗；其九十以上又赐帛人二匹，絮三斤。"东汉光武帝建武六年（30年）正月诏："其命郡国有谷者，给禀高年，鳏寡孤独及笃癃无家属贫不能自存者，如律。"汉代法律周密而细致地规定政府敬老养老的义务是我国古代法制中的典型代表。汉代法制除了规定政府需在物质上优恤老人外，还颁布了高年赐王杖的制度，从精神层面优待老人。根据甘肃武威地区出土的《王杖十简》与《王杖诏书令册》记载，共有16名无特殊身份的老人受赐王杖："朕甚哀老小。高年受王杖，上有鸠，使百姓望见之，比于节。"老人持鸠杖如持节，可以自由出入官府，享受比六百石礼遇，吏民不得随便殴辱。

严惩"匿哀""冒荣"等犯罪，使孝敬成为官员的从政底线。我国古代法制不仅要求官员教化百姓、孝敬老人，而且长期严惩匿哀冒荣等不孝行为，使孝敬老人成为官员从政的底线。《唐律疏议》卷十《职志律》规定："诸府号、官称犯父祖名，而冒荣居之；祖父母、父母老疾无侍，委亲之官；即妄增年状，以求入侍及冒哀求仕者，徒一年。"另卷二五《诈伪律》规定："诸父母死应解官，诈言余丧不解者，徒二年半。"委亲之官

（即不在家孝敬年老无依的父母而外出为官）、冒荣求仕之徒不仅要解除官职，还要承担刑事责任（徒一年）；父母离世不以礼解官居丧者更要徒二年。古代社会，居丧期间为官是例外，称为"夺情"，这需要皇帝和宰相亲自批准。

赐勋赐名，实施存留养亲制度，营造全社会孝敬老人的氛围。表彰孝子，我国古代法制规定了赐名、赐官等奖励措施。《唐六典》卷二《尚书吏部》规定："凡孝义旌表门闾者，出身从九品上叙"。《册府元龟》记载唐肃宗至德三年（758年）诏："天下孝义门各与一子官，委采访使具名闻奏，量文武处分。"又载唐玄宗天宝十三年（725年）诏："其孝义之人，已经旌表，雍睦无易，纯至有终，著眉乡间，深可嘉尚，各赐勋两转。"对孝子不仅赐官、赐勋，而且还要大力旌表。《册府元龟》记载了唐代旌表孝子的很多事例，如唐太宗贞观年间旌表临淮的刘子翼，改其居所为"孝慈里"；《新唐书》也记载改孝子所在居所为"成孝乡广孝聚""德星堂"等事例。为解决孝子的经济困难，国家立法免除赋税的做法也是自古以来的常规做法。《二年律令》规定："诸当行粟，独与若父母居老如睆老，若其父母罢者，皆勿行。"

对家有老人无人养老送终的罪犯，古代法制规定了存留养亲制度。《魏书·刑法志》记载了存留养亲制度的最初规定："诸犯死罪，若祖父母、父母七十以上无成人子孙，旁无期亲者，具状上请。流者鞭笞，留其养亲，终则从流。"这一制度一直沿用到清末。

（一）台湾地区敬老的立法与政策

据统计，2011年，台湾地区65岁以上老人将近250万人，占总人口的比例近11%。[1] 有专家估计，随着婴儿潮世代迈入65岁，老年人口快速攀升，在2016年台湾地区老龄人口达到312万，占总人口的13.3%，[2] 而在2018年台湾地区老龄人口估计将会达到334万，占总人口的14%。[3] 换言之，我国台湾地区在2014年正式迈入老年社会。虽然家庭养老和社会养老解决了绝大部分台湾老年人的养老问题，但台湾近年生育率降低加速，

---

[1] 《兰文：台湾社会防治"老来穷"》，《海峡导报》2011年9月19日第20版。
[2] 林静娴：《看台湾人怎么养老》，《海峡导报》2012年10月24日第38版。
[3] 《以房养老，台湾仅限有房地产的孤寡老人》，《人民政协报》2013年9月28日第B3版。

"少子化"加剧，台湾出现越来越多老年人面临着无子女赡养问题。

台湾对于子女应孝敬父母的法律规定主要见于《民法》和《刑法》。《民法》第1084条第一款规定："子女应孝敬父母。"该条法律虽规定子女应孝敬父母，但没有规定子女不孝敬父母的法律后果。《民法》第1145条规定了继承人丧失继承权的情形，被称为"扫地出门条款"：（1）故意致被继承人或应继承人于死或虽未致死因而受刑之宣告者。（2）以诈欺或胁迫使被继承人为关于继承之遗嘱，或使其撤回或变更之者。（3）以诈欺或胁迫妨害被继承人为关于继承之遗嘱，或妨害其撤回或变更之者。（4）伪造、变造、隐匿或湮灭被继承人关于继承之遗嘱者。（5）对于被继承人有重大之虐待或侮辱情事，经被继承人表示其不得继承者。其中，（1）至（4）之规定，如经被继承人宥恕者，其继承权不丧失。依据（5），若子女对父母有重大虐待或侮辱的情形，父母可以通过不限于立遗嘱的方式使得子女丧失对父母遗产的继承权。《刑法》关于遗弃罪有以下相关规定。第294条："对于无自救力之人，依法令或契约应扶助、养育或保护而遗弃之，或不为其生存所必要之扶助、养育或保护者，处六月以上、五年以下有期徒刑。因而致人于死者，处无期徒刑或七年以上有期徒刑；致重伤者，处三年以上十年以下有期徒刑。"第295条："对于直系血亲尊亲属犯第二百九十四条之罪者，加重其刑至二分之一。"此外，与老人福利相关的立法还有《老人福利法》《国民年金法》《中低收入老人生活津贴发给办法》《社会救助法》《农民健康保险条例》《中低收入老人特别照顾津贴发放办法》《全民健康保险法》等，上述法律法规并未规定子女在养老方面应履行何种义务或承担什么责任，可以看出，台湾的养老责任主要由政府或者社会承担，目前已经建立了较为完善的全民养老保险制度。但是，台湾内政部2015年的老人状况调查却表明家庭仍然是承担养老的主体。该调查显示，台湾老年人的经济来源以"子女奉养"为主要来源者占42.0%；以"政府救助或津贴"为主者次之，占17.1%。[①]

另外，台湾当局推出了一系列的敬老、养老改革，这主要可以从以下三个方面来介绍。

---

① 《台发布老人状况调查：逾2成老人生活费不够用》，中国新闻网，http://www.chinanews.com/tw/2011/03-13/2902328.shtml，访问日期：2015年3月5日。

1. 老年基本保证年金

我国台湾地区近年来推行了所谓的"国民年金"制度。对超过 65 岁综合收入过低者,"政府"每月发放 3000 元新台币的补贴,这笔钱以前叫"老人年金"或"敬老津贴",2008 年之后改称"老年基本保证年金"。有一些财政状况良好的县,如金门县,对老人的补助额更高。①

2. "仁爱之家" + 老年公寓

台湾地区的养老设施依据经营主体的不同,形成公办公营、公办民营和私立民营等多元化的经营形式,面向老年人市场提供敬老院、高档老年公寓、养生文化村、安养中心等多种居住建筑类型。台湾地区土地资源紧缺,一种常见的老年居住建筑是城区综合体形式的老年公寓。这类老年公寓主要面向中高收入的老年群体,社工参与是其重要特色。老年公寓多为高层建筑,在一栋建筑中,既有独立、半独立的老年人居住单间或套房,又配套有全面的公共服务,如馆内门诊、健康咨询、会客、棋牌、表演、餐饮、娱乐、美发、视听等内容。运营模式可以

---

① 薛洋:《盘点台湾各类"养老金"》,《海峡导报》2014 年 10 月 2 日第 14 版。

采取租赁式、产权式或产权带租式等多种形式。① 此外，几乎台湾各地区都有关爱老人的"仁爱之家"，收容生活无法自理的老人。当中有公立也有私立，服务人员大多是企业组织或者自发参与的志愿工作者。而针对老人福利服务专业人员资格及培训，台湾当局也制定了相关的规定。②

3. 以房养老

为了解决这类孤寡老人实际生活困难和养老问题，台湾当局于2013年开始试行针对低收入孤寡老人的"以房养老"政策。其具体做法是，从2013年3月起至2017年年底，在台湾地区几个大都市选择100名名下有房地产，但无子女也无继承人的65岁以上贫困单身老人，他们以自己的房产估价抵押给台湾当局后，仍可继续住在自己房子里，并拥有房子所有权，每月则能够从当局委托的银行领取类似养老金的津贴，直到终老。老人百年之后，其房产归台湾当局处置。当老人生活不能自理时，护理费用也由当局承担。至于这些老人每月领多少养老

---

① 《我们需要怎样的养老模式》，《今日早报》2012年7月19日第A30版。
② 林静娴：《看台湾人怎么养老》，《海峡导报》2012年10月24日第38版。

津贴，台湾当局规定，将按这些老人的性别、年龄以及房子的估价现值合并计算，由于女性的平均年龄高于男性，同等条件下，女性的津贴略低于男性。比如，同样是70岁的老人，若不动产估价现值皆为1000万元新台币，男性老人每月可领取3.48万元新台币，女性老人每月可领取3.3万元新台币。同时，房子价值越高，每月领取的金额也越高。[①]

当然，我国台湾地区的敬老政策并非完美无瑕。比如，弘道老人福利基金会就指出，台湾地区长期照护机构高达6成不合格，就连医院志工也短缺。台湾十几年来需要照护的老年人口飙升3倍，但只有4%可以得到妥善照顾。因此，"老有所医、老有所护、老有所养"这三大诉求，是台湾当局与社会各界必须重视的课题。[②]又比如大力推广的"以房养老"政策似乎也是"雷声大雨点小"。尽管从表面看起来"以房养老"对那些有房地产，却很贫困的孤寡老人有很大吸引力，但截至2013年下半年，无论台北市、新北市，还是高雄市符合

[①]《以房养老，台湾仅限有房地产的孤寡老人》，《人民政协报》2013年9月28日第B3版。

[②]《台湾将迈入"超高龄社会"仅4%老人获妥善照护》，《中国新闻社》2012年10月22日。

条件者很多,但响应者寥寥,都是"只闻电话声,不见人来办"。①

(二)港澳地区孝敬老人的法律现状

香港自1994年就开始推行长者福利措施,旨在推动香港市民尊敬及关怀长者,为长者提供一个普遍获得承认的年龄证明,以方便他们享用政府部门、公共运输机构及各商号提供的优惠票价、折扣和优先服务。2013年4月开始,香港特区政府社会福利署开始推行"长者生活津贴",为了补助65岁及以上有需要的长者的生活开支,符合资格的长者可获发每月2200港元的津贴,这项举措令香港40万老人受惠。然而,令人遗憾的是,发放长者生活津贴后,出现了大量亲人哄骗甚至侵吞长者资产的现象。另有报道指出,香港近年来虐待老人的现象也日趋严重,香港防止虐待长者协会2012年共处理2600多宗长者被虐案件,较上一年增加500宗。虐待老人案件中,财产侵吞纠纷超过了一半。另外,精神及身体虐

---

① 《以房养老,台湾仅限有房地产的孤寡老人》,《人民政协报》2013年9月28日第B3版;林静娴:《看台湾人怎么养老》,《海峡导报》2012年10月24日第38版。

待的案件数量也不少。从立法的情况来看,目前香港只有法律规定父母对子女的扶养义务,尚未专门立法规定子女孝敬赡养父母。[①]

澳门特别行政区很早就开始用"长者"这一中性词汇取代一般意义的老年人一词,去歧视化、符号化之后,逐渐形成了具有澳门特点的长者服务和安老模式。澳门安老服务主要有官民合办和民办两种模式。前者即政府提供场地、财政和技术支撑,民间负责运营管理,双方按契约履行职责,按服务标准进行评估考核。后者即由民间机构自行集资、负责管理,提供专项的社会服务与社工专业服务;政府则将自身提供不了、提供不好或提供成本过高的服务项目,通过契约外包形式向民间机构购买服务或购买床位等。[②] 在澳门特别行政区,关于孝敬老人的相关法律主要有:(1)《澳门特别行政区基本法》第三十八条:"未成年人、老年人和残疾人受澳门特别行政区的关怀和保护。"(2) 澳门特别行政区第 12/2005 号行政法规《敬老金制度》规定,向澳门特别行政区永

[①] 郭胜昔:《香港虐待老人现象日趋严重》,《国际在线消息》2013年6月10日。

[②] 范时杰、贺志峰:《看澳门的长者服务和安老模式》,《中国社会报》2013年8月2日。

久性居民发放敬老金，敬老金为一项金钱给付，其发放旨在体现对澳门特别行政区长者的关怀，并弘扬敬老美德。(3) 为了支持家居中的独居长者及其他因在家居中发生意外或突发事件而处于紧急状况之具特别需要的人士，澳门特别行政区2009年出台了《取得家居紧急呼援服务之特别援助发放规章》（第279/2009号），该法第二条规定，符合以下任一条件的社工局一般性援助金受益人，可申请发放特别援助：①年满65岁或以上的独居长者；②年满65岁或以上的长者，只要以共同经济方式与其同住之人士亦属年满65岁或以上的长者，又或属因残疾、长期病患或无能力向申请人提供适当照顾的人士；③在社工局评估中显示有特定需要的其他人士。

（三）中国大陆孝敬老人相关立法体系

1. 宪法和法律

（1）《中华人民共和国宪法》。《宪法》是国家的根本大法，其中对老年人权益保护进行了总体规定。第45条规定："中华人民共和国公民在年老、疾病或者丧失劳动能力的情况下，有从国家和社会获得物质帮助的权利。

国家发展为公民享受这些权利所需要的社会保险、社会救济和医疗卫生事业。"第49条规定："父母有抚养教育未成年子女的义务，成年子女有赡养扶助父母的义务。禁止破坏婚姻自由，禁止虐待老人、妇女和儿童。"

（2）《中华人民共和国民法通则》。第104条规定，婚姻、家庭、老人、母亲和儿童受法律保护。

（3）《中华人民共和国继承法》。第7条规定，继承人有下列行为之一的，丧失继承权：①故意杀害被继承人的；②为争夺遗产而杀害其他继承人的；③遗弃被继承人的，或者虐待被继承人情节严重的；④伪造、篡改或者销毁遗嘱，情节严重的。第31条规定，公民可以与扶养人签订遗赠扶养协议。按照协议，扶养人承担该公民生养死葬的义务，享有受遗赠的权利。公民可以与集体所有制组织签订遗赠扶养协议。按照协议，集体所有制组织承担该公民生养死葬的义务，享有受遗赠的权利。

（4）《中华人民共和国婚姻法》。第21条规定："父母对子女有抚养教育的义务；子女对父母有赡养扶助的义务。父母不履行抚养义务时，未成年的或不能独立生活的子女，有要求父母付给抚养费的权利。子女不履行赡养义务时，无劳动能力的或生活困难的父母，有要求子女付给赡养费的权利。"第28条规定："有负担能力的祖父母、外祖父母，对于父母已经死亡或父母无力抚养的未成年的孙子女、外孙子女，有抚养的义务。有负担能力的孙子女、外孙子女，对于子女已经死亡或子女无力赡养的祖父母、外祖父母，有赡养的义务。"第30条规定："子女应当尊重父母的婚姻权利，不得干涉父母再婚以及婚后的生活。子女对父母的赡养义务，不因父母的婚姻关系变化而终止。"第44条规定："对遗弃家庭成员，受害人有权提出请求，居民委员会、村民委员会以及所在单位应当予以劝阻、调解。对遗弃家庭成员，受害人提出请求的，人民法院应当依法做出支付扶养费、抚养费、赡养费的判决。"

（5）《中华人民共和国刑法》。《刑法》中专门有关于虐待罪和遗弃罪两个罪名的处置，以保护老年人的合法权益。关于虐待罪，《刑法》第260条虐待家庭成员，情节恶劣的，处二年以下有期徒刑、拘役或者管制。犯前款罪，致使被害人重伤、死亡的，处二年以上七年以下有期徒刑。第一款罪，告诉的才处理。

关于遗弃罪，《刑法》第261条对于年老、年幼、患病或者其他没有独立生活能力的人，负有扶养义务而拒绝扶养，情节恶劣的，处五年以下有期徒刑、拘役或者管制。

（6）《中华人民共和国老年人权益保障法》。2013年7月1日起施行的《中华人民共和国老年人权益保障法》是我国关于老年人权益保障最为全面和重要的立法，在老年人的家庭赡养、社会保障、法律责任等方面都进行了较为详细的规定。该法总则部分规定：国家保障老年人依法享有的权益。老年人有从国家和社会获得物质帮助的权利，有享受社会服务和社会优待的权利，有参与社会发展和共享发展成果的权利。禁止歧视、侮辱、虐待或者遗弃老年人。并明确将每年农历九月初九确定为"老年节"。在家庭赡养与扶养方面，首先确定了老年人养老以居家为基础，家庭成员应当尊重、关心和照料老年人。然后用了大量的篇幅规定了赡养人的义务：赡养人应当履行对老年人经济上供养、生活上照料和精神上慰藉的义务，照顾老年人的特殊需要。赡养人是指老年人的子女以及其他依法负有赡养义务的人。赡养人的配偶应当协助赡养人履行赡养义务。赡养人应当使患病的老年人及时得到治疗和护理；对经济困难的老年人，应当提供医疗费用。对生活不能自理的老年人，赡养人应当承担照料责任；不能亲自照料的，可以按照老年人的意愿委托他人或者养老机构等照料。赡养人应当妥善安排老年人的住房，不得强迫老年人居住或者迁居条件低劣的房屋。老年人自有的或者承租的住房，子女或者其他亲属不得侵占，不得擅自改变产权关系或者租赁关系。老年人自有的住房，赡养人有维修的义务。另外，关于对老年人精神赡养"常回家看看"的规定，成为该法的一大亮点，引发了全社会极高的关注，该法第18条规定：家庭成员应当关心老年人的精神需求，不得忽视、冷落老年人。与老年人分开居住的家庭成员，应当经常看望或者问候老年人。用人单位应当按照国家有关规定保障赡养人探亲休假的权利。除此之外，该法还分别从社会保障、社会服务、社会优待、宜居环境、参与社会发展、法律责任等方面全方位地规定了老年人的权益保障。

2. 地方性法规

除上述法律以外，我国各省市结合自身经济发展状况和老龄工作实际情况，制定了一批适用于本省市的地方性法规，其中有代表性的有以下几种。

（1）《陕西省实施〈中华人民共和国老年人权益保障法〉办法》。该办法2014年11月27日经陕西省第十二届人民代表大会常务委员会第十四次会议修订通过，自2015年3月1日起施行。在孝敬老人方面，该法呈现出很多亮点。

①明确了赡养人的范围：老年人的子女，包括婚生子女、非婚生子女、养子女、形成抚养关系的继子女和其他被抚养人，均有赡养老年人的义务。老年人的子女死亡后或者子女无力赡养，有负担能力的孙子女、外孙子女有赡养老年人的义务。

②严格规范了赡养人对老年人的赡养的程度和方式：赡养人应当履行对老年人的经济供养义务，保证老年人的正常生活需求，提供必要的医疗费用。老年人的基本生活水平不得低于赡养人家庭的生活水平。对无经济收入或者低收入单独居住的老年人，赡养人应当按月或者按约定时间给付赡养费。

③明确规定对共同生活的老年夫妇，赡养人应当尊重他们的意愿，不得强行将他们分开赡养。

④国家工作人员不孝敬老人将被撤职或者开除。对老年人负有赡养义务、扶养义务而拒绝赡养、扶养，虐

待老年人或者对老年人实施家庭暴力的，由其所在单位或者行政监察机关，给予批评教育或者警告处分；情节较重的，给予记过、记大过或者降级处分；情节严重的，给予撤职或者开除处分。

（2）《广东省老年人权益保障条例》。该条例明确细化了基层群众性组织对赡养人的监督和督促职责。有下列情形之一的，由其所在单位、村（居）民委员会给予批评教育并责令改正；情节严重的，追究法律责任：第一，虐待、遗弃老人的；第二，侵犯老年人合法的居住权和财产权的；第三，赡养人不履行赡养义务的；第四，干涉老年人婚姻自由的；第五，赡养人配偶或者家庭其他成员阻止、干扰赡养人履行赡养义务，或者不关心、不照料老年人，使老年人得不到家庭供养和照料的。

（3）《江西省实施〈中华人民共和国老年人权益保障法〉办法》。其规定了配偶的赡养义务和赡养费用的来源：赡养人的配偶应当协助赡养人履行赡养义务，赡养费用应当由赡养人从夫妻共同财产中支付；家庭其他成员应当支持和帮助赡养人履行赡养义务。

（4）《海南省实施〈中华人民共和国老年人权益保障法〉若干规定》。该规定首先明确了老年人的婚生子女、非婚生子女、养子女、有抚养关系的继子女，以及老年人的孙子女和外孙子女，都有赡养老年人的义务。其次，要求赡养人应当在经济上供养老年人，保障老年人的生活水平不低于其家庭成员的生活水平。对无经济收入或者收入低微的单独居住生活的老年人，赡养人应当按月付给赡养费。另外，和陕西的做法类似，规定赡养人应当尊重老年人夫妇生活意愿，不得将老年夫妇强行分开赡养。

除上述省份外，辽宁、青海、山东、云南、山西等许多省份也制定了本省的老年人权益保障条例，内容基本与《老年人权益保障法》和上述省份的规定相同。

3. 司法解释

（1）《最高人民法院关于认真学习宣传贯彻执行老年人权益保障法的通知》。第3条规定："严格执行老年人权益保障法。各级人民法院在审判工作中要严格执行老年人权益保障法，做到有法必依，执法必严，违法必究，使老年人的合法权益，能得到有力的法律保障。对侵害老年人合法权益的告诉、检举，要依法及时收案，及时审理；对涉及老年人权益的案件，要尽可能做到方便老年人进行诉讼，简化繁琐的诉讼手续；对残害、虐待、遗弃老年人，侵害老年人人身、财产的犯罪行为，必须依法惩处，决不轻纵。"

（2）《最高人民法院关于充分发挥民事审判职能，依法维护妇女、儿童和老年人合法权益的通知》。第2条规定："要通过对婚姻家庭案件的审理，倡导男女平等、夫妻互相忠诚、尊老爱幼、和睦文明的社会主义婚姻家庭观。通过裁判文书，旗帜鲜明地对婚姻家庭领域中实施家庭暴力、有配偶者与其他人同居、虐待遗弃儿童、不赡养老人等损害妇女、儿童和老年人合法权益的违反法律和社会主义道德的行为，给予否定性评价，促进社会主义社会精神文明建设，弘扬良好的道德风尚。"

（四）国家和地方相关政策

《财政部、民政部、全国老龄办关于建立健全经济困难的高龄、失能等老年人补贴制度的通知》中强调，通过建立健全经济困难的高龄、失能等老年人补贴制度，达到五个目标：一是贯彻落实党中央、国务院的要求。将国务院下发的《国务院关于加快发展养老服务业的若干意见》（国发〔2013〕35号）提出的"建立健全经济困难的高龄、失能等老年人补贴制度"的要求细化为具体的政策措施,有效推动养老服务体系发展。二是形成多元化的投入格局。充分发挥财政资金的引导和示范效应,吸引社会资本投入养老服务业。三是有效缓解部分老年人的实际困难。减轻经济困难的高龄、失能等老年人的养老服务负担,帮助他们提高支付能力。四是更好体现公平与效率的理念。通过中央层面出台统一制度和要求,指导地方规范、有针对性地开展工作,有效回应社会各界的关切,倡导公共财政公平与效率的理念,正确引导舆论。五是推动实现基本服务均等化。在"十二五"末,全国范围内基本建成覆盖广泛、内涵丰富、衔接紧密的经济困难的高龄、失能等老年人补贴制度,保障水平不断提高,服务类型日益丰富,推动实现基本养老服务均等化。

《中国老龄事业发展"十二五"规划》对我国"十二五"期间的老龄事业主要目标进行了规定,健全覆盖城乡居民的社会养老保障体系,初步实现全国老年人人人享有基本养老保障。健全老年人基本医疗保障体系,基层医疗卫生机构为辖区内65岁及以上老年人开展健康管理服务,普遍建立健康档案。建立以居家为基础、社区为依托、机构为支撑的养老服务体系，居家养老和社区养老服务网络基本健全，全国每千名老年人拥有养老床位数达到30张。此外，还要弘扬孝亲敬老传统美德。强化尊老敬老道德建设，提倡亲情互助，营造温馨和谐的家庭氛围，发挥家庭养老的基础作用。努力建设老年温馨家庭，提高老年人居家养老的幸福指数。加强青少年尊老敬老的传统美德教育。在义务教育中，增加孝亲敬老教育内容，开展形式多样的尊老敬老社会实践活动，营造良好的校园文化环境。

在地方性政策中，南京市于2014年10月开始对五类养老服务对象实行新的服务补助政策。新政策针对的"五类老人"是指城镇"三无"人员、农村"五保"人员；低保及低保边缘的老人；经济困难的失能、半失能老人；70周岁及以上的计生特扶老人；百岁老人。这种居家养老方式正在南京推开。子女亲属愿意在家照顾这五类老人，每月可领取政府发给的300元（照顾半失能老人）或400元（照顾失能老人）的服务费用。

五 我国孝敬老人相关立法分析

戴维·L.德克尔在他的《老年社会学》一书中提到,"事实上,家家都有老人,人人都会变老,每个人都是老龄化社会的组成部分,研究老龄化问题其实就是在研究我们自己"。

世界是个大家庭,世界各国面临的人口问题各不相同。放眼世界,除了非洲和中东部分地区外,人口老龄化大潮已大规模席卷而来,如何应对人口老龄化带来的复杂社会局势与风险以及巨大的经济与政治压力,是各国共同面对的问题,也是亟待解决的问题。世界人口在2011年年底已经达到70亿,中国人口有13亿多,占据世界总人口的近1/5。中国自20世纪末进入老龄社会以来,人口老龄化进程不断加快,高龄老人、空巢老人、失能老人数量剧增,还有一类就是众多的失独老人,对我国现有的养老体系、人口政策、社会道德和政府能力提出了严峻的挑战。为了更好地保障老年人的各项权益,2012年12月28日,十一届全国人大常委会第三十次会议审议通过了《中华人民共和国老年人权益保障法》。

修订后的《老年人权益保障法》总结自1996年出台、实施以来的经验，针对老年人权益保障工作面临的新情况、新问题，对原有法律作了较大幅度的修改和补充完善，以法律的形式规定了对老年人家庭赡养与扶养制度，提出对老年人养老以居家为基础，家庭成员应当尊重、关心和照顾老年人，对老年人经济上供养、生活上照顾和精神上慰藉，照顾老年人的特殊需要；国家通过基本养老、基本医疗保险制度，保障老年人的基本生活和医疗需要。对生活不能自理、经济困难的老年人，地方各级人民政府应当根据其失能程度等情况给予护理补贴，完善对老年人的社会保障制度；发展城乡社区养老服务，鼓励、扶持专业服务机构及其他组织和个人，为居家的老年人提供生活照顾、紧急救援、医疗护理、精神慰藉、心理咨询等多种形式的服务，对经济困难的老年人，地方各级政府应当逐步给予养老服务补贴，制定优待老年人的办法，逐步提高对老年人的优待水平，推进家居环境建设，为老年人提供安全、便利、舒适的环境，保障老年人参加经济、政治、文化和社会生活的权利，从社会服务体系、社会待遇、宜居环境、参与社会发展等方面全面建立并完善对老年人的各种保障体系，并将落到实处。

一部法律制定出来是为了更好地实施，法律被更好地实施了，立法的本意才能实现。修订法律是为了使它的结构更加合理、内容更加全面，更具有可操作性。修订后的《老年人权益保障法》在结构上更加合理了，内容也更加全面了，但在现实中却欠缺一定的实操性。

（一）老年人权益保障的实践问题和经验借鉴

1. 关于"常回家看看"与精神赡养

《老年人权益保障法》规定家庭成员应当履行对老年人经济供养、生活照料、精神慰藉等义务，家庭成员不得在精神上忽视、孤立老年人。与老年人分开居住的赡养人，应当经常看望或者问候老年人。于是产生了"常回家看看"之说。这被不少人视为一个道德层面上的问题，提出法律要求在实践上不具有可操作性，应当避免道德入法。另外要求不具备条件的子女看望老人对子女构成沉重的负担，反而不利于大家庭和睦。但总体来看，重视情感和心理支持关乎老年人健康和生活质量，与老年人分开居住的赡养人，应当经常看望或者问候老年人，这样的规定具有促进子女定期探望老人，实现对老年人精神慰藉，和睦家庭关系，融洽代际感情的重要意义。

为了消除对"常回家看看"条款的可操作性的质疑，我们应将"常回家看看"做出具体化规定，在立法和司法中重视满足老年人的精神需求。比如，根据媒体报道，德国在精神赡养方面以列举方式明确规定子女必须利用国家法定假期1/3的时间到父母居所陪同。再比如瑞典、芬兰在法律中以列举的方式量化规定了子女与父母的居住距离，每年、每月、每周甚至每日应当与父母接触的时间和次数。而新加坡的《父母赡养法》把赡养老人同购买和租赁房屋挂钩，规定：年轻的单身男女不得购买或租赁组屋，如与父母或四五十岁以上的独居老人同住，条件可适当放宽，如三代同堂可优先解决住房问题，建屋局还特意设计了三间一套和一间一套的新组屋，便于新婚夫妇照顾老人。

我国在实践中可以在相关法律中增列专门规定，明确赡养人、抚养人和其他家庭成员应当定期看望不共同居住的老年人，鼓励给老年人的子女和赡养人提供探亲看望的假日。

"常回家看看"条款入法虽然在实践中存在着落实执行方面的诸多困难，但其根本价值在于唤起年轻人对老年人精神权益照护的自觉性，指引用工单位为年轻人看望老年人创造外部条件。因此，精神慰藉义务的贯彻实施，并非一部《老年人权益保障法》所能解决的，还需要其他配套制度，如国家支持家庭养老计划制度、用工单位的休假制度等的有效配合，才能使老年人的精神权益的保障落到实处。

2. 关于老年人长期护理保险问题

老年保险制度是社会保障的基石，除了养老保险、医疗保险外，建立老年人长期护理保险制度已经成为保障老年人健康生活的重要选项。联合国提倡健康寿命，我国的平均寿命是73.5岁，平均健康寿命是62.23岁，在全球排在第81名，老年人的健康状况堪忧。不健康老人多需要家庭和社会养老机构的照料，在照料的过程中建立长期护理保险制度具有现实意义。当今日渐显现的"421"家庭结构和空巢老人剧增已经成为我国突出的社会问题，家庭结构的变化导致家庭养老功能的弱化甚至丧失，医疗保险和长期护理保险是将家庭过度负担分散给社会的有效手段。因此建议设定"国家建立长期护理保险制度"这样的法律条款，将医疗保险与护理保险加以区分，对老年人权益保障具有重大意义。虽然长期照料保险制度建立时间较晚,但对于解决人口老龄化和高龄化所带来的健康照料问题具有不可替代的作用,它可以相对避免对有限的医疗资源的浪费和滥用,"保证那些不具备完全自我照料能力的人能够继续得到其个人喜欢的以及较高的生活质量,获得最大可能的独立程度、自主、参与、个人满足及人格尊严"。

建立老年人长期护理保险制度是一些发达国家的经验做法。荷兰于1968年颁布了《长期护理保险法》,美国在20世纪70年代就出现了"老年人护理商业保险",以色列政府在1986年推出"法定护理保险制度",随后,德国于1995年,卢森堡于1998年,日本于2000年,韩国于2008年相继颁布实施长期护理社会保险制度。英国、奥地利、澳大利亚、瑞典等国家则推行以公共财政为主要责任的"长期护理津贴计划"。

根据我国的情况,建立何种类型的护理保险制度,我们认为比较可行的做法是:国家应当逐步建立长期护理保险制度,在职人员的保险费用由个人和所在单位共同承担(形式同现在实行的养老保险),同时鼓励、引导商业保险公司开展长期护理保险业务,保险费用主要由个人和家庭承担。对于没有任何经济来源的老年人,在个人无力承担时，由政府全额负担。但须对相关保险市场进行严格法律规制，避免走偏。

3. 关于老年人的社会救助

老年人社会救助是指生活水平低于国家规定的最低生活保障水准的老年人，有权获得国家按照法定标准提供的物质救助，这是社会福利保障制度中的"兜底"制度和"安全"的防线。从广义上讲，社会保险、社会救助、社会优待甚至社会养老都属于社会保障的范畴，因此，建立既相互联系又相对分离的老年人社会保险制度、社会救助制度、社会养老制度、社会优待制度等，是完善和发展老年人权益保障制度的趋势。随着人口老龄化的加快，一方面越来越多的失去生活能力的老年人需要社会养老服务体系的支持，另一方面越来越多的老年人生存能力降低需要社会救助以维护基本的生活状态。世界上多数国家都设立了与最低生活水平相联系的"生存红线"，以防止社会弱势群体生活过度贫困。老年人社会救助是宪法规定的物质帮助权的体现和保障，主要对应着国家的责任和政府的义务。现阶段，我国老年社会救助水平很低，救助覆盖范围比较窄，救助内容不全面，救助方式单一。主要原因是古老的"救济"甚至"施舍"观念没有根除；政府财政能力和政策能力不足，传统的政府财政支出走向极少顾及社会问题尤其是老年人问题；但关键还是缺乏对老年人救助范围、标准、条件、形式等统一和明确的规定。因此，完善和健全老年人社会救助的范围与类型、条件和标准、方式与机制、管理体系与方法，以及明确政府的社会救助责任，是老年人社会救助制度建设的重点。

在国外，法国对老年社会救助的条件和标准均作了详细、统一的规定。比利时也在效仿法国社会救助的经验，严格规定老年社会救助的条件，如将申请救助对象的子女财产情况纳入审查的范围等，社会救助项目多样化是老年社会救助取得实效的重要措施。英国针对不同的救助对象进行不同标准和程度的救助，救助的内容涉及了面向各类群体的不同需求的各个方面，有针对老年残疾人的，也有面向高龄老年人的，还有针对低收入人群体的等。

我国老年社会救助制度面临的基本问题相对于其他国家来说更为严峻，相应的需要也更为迫切，一方面，要进一步明确救助对象审查、救助标准划定和救助方式选择、救助管理设置等条件和资格；另一方面，也是最主要的是要保障救助的资金来源。在思想观念上应破除"施舍"观念,关注和尊重临近和低于"生存红线"的老年人的尊严;在救助方式上应注重创新,向符合条件的老年人提供就业机会,以恢复和维持自我生存的能力;还比如,社会救助应当注重管理,以实现公平与效率的统一,不能让一个老人生活在"生存红线"以下,也要避免像西方福利国家出现的国家"养懒"现象。

4. 关于社会养老服务机构的规制

社会养老服务是一个新兴的领域,既具有社会福利事业性,又具有产业性,需要政府负起整体规划、政策倾斜、资金支持、确定标准、加强监管等责任。一方面,在土地使用、财政补贴、税收减免等方面出台政策措施予以鼓励和扶持,同时适当放松该领域的管制。另一方面,严格遵循社会照料服务机构及人员的准入标准和程序,加强涉及养老设施建设规划和标准的执行和监督、社会养老机构的许可和登记、机构从业人员从业标准和培训等方面的监管;设立不同于医疗护理的社会护理职别,从人才培养,人员培训入手,打造一支适应老龄社会需求的专业化、职业化的社会照料服务队伍。

韩国对于一些小型养老机构,就免去了财团法人的登记程序，以促进其发展。我国应当借鉴这种做法，对一些不对外招募、不要求税负减免、不要求政府补贴的小型社会照料服务机构，应当适当放低准入门槛，简化审批程序甚至无须许可，采用灵活多样的登记形式，促进小型养老机构的发展，以适应不同老年人的养老需要。

5. 关于社会养老服务

社会养老服务是一个逐步形成和发展的行业，与人口老龄化相伴随，并有不断规范化的需要。所谓规范化不仅指社会养老服务需要加强法律规制和制度约束，还表现为社会养老服务质量所要求的专门化和职业化水平。

日本如2000年实施的《老年介护保险法》将老年介护分为"居家介护"和"设施介护"，而"居家介护"服务可以细分为十三类，包括来访护理、来访医疗、来访康复以及有利于功能康复的住宅改装等。日本《老年介护保险法》还规定了比较完善的老年介护人员的资质培训制度。日本从事老年介护保险服务的人员大致分为福利介护员和访问介护员两类，不同类型的介护人员有不同的资格标准和培训要求。日本《老年介护保险法》规定：日本的福利介护员需要两年的正规学习并通过国家统一考试后，才能取得上岗资格，他们一般在介护设施内就职，从事技术性较强的介护服务；访问介护员需要本人亲自报名，然后参加政府出资举办的培训班，接受50—230个小时的专门培训，考试合格后，获得职业资格证书到居住所在地的相关部门登记注册等待上岗。访问介护员一般分为三级：高级为介护兼管理，负责安排管理辖区内介护员的工作，参与对老龄者的介护；中级的能做所有的救护工作；初级的只能从事简单的家政服务和一般性介护工作。

再如我国台湾地区，2007年修订颁布的《老人福利法》将老人照顾服务分为居家式、社区式和机构式服务，而居家服务主要包括医护服务、复健服务、身体照顾、家务服务、关怀访视服务、电话问安服务、餐饮服务、紧急救援服务、住家环境改善服务和其他相关的居家式服务，要求从业人员应当接受专门教育，甚至需要通过从业考试，并因此获得职业保障。

在我国，社会养老服务尤其是对于智障、失能、高龄老年人的生活护理是一个越来越重要的课题。社会养老服务需要形成比较稳定的从业队伍，养老服务领域将产生成千上万的从业大军，从业标准应当制度化，职业教育应当专门化，养老服务应当职业化。应当像重视医疗护理教育一样重视生活护理教育，除加强养老服务从业人员培训外还应当充分挖掘和利用现有的教育资源，加强养老护理领域的人才培养，或者统筹医疗护理和生活护理方面的职业教育，社会养老服务职业化既需要加强社会养老职业教育培训，还需要将养老护理独立为一个职业类别，明确从业标准、职业等级、职业待遇和保障等，这样既有利于稳定社会养老队伍，也有利于相应的管理。

6. 关于老年人的社会优待

社会优待是一项反映和体现国家和社会道德水平的制度，它是指国家或地方面对特定人群所给予的特别关怀和照顾。从实证的角度看，社会优待主要体现在地方层面上，它既可以是某种政策优惠，也可以是公共服务中的优先服务，还可以是经济补贴、出行便利、豁免义务等。

在涉及老年人社会优待制度方面，国外的立法有许多先进的经验可以借鉴。瑞典是一种典型的"从摇篮到坟墓"的普惠式福利保障制度，同样对老年人的权益保障也就更加全面，在养老优待方面主要是通过发放养老金来保证老年人权益的，对瑞典所有的 65 岁以上老年人普遍适用，即使是享受互惠待遇的外侨也可以领取。在医疗保障优待方面，瑞典的老年人在公立医院或牙科治疗时可享受免费待遇，领养老金的老年人免交健康保险费，但仍有享受健康保险的权利。而需要长期护理的老年人的家庭护理由地区医护人员负责，国家发给家庭护理补助费。还有为老年病人和残障人设康复中心，向患者提供治疗、咨询和日常料理，并有专门的汽车接送。

在日本，第二次世界大战后由于65岁以上的老人急剧增加，政府对此特别重视，尤其是在老年人的住房问题上，采取了多种的措施给予老年人多种优惠。由政府或者社会福利法人为65岁以上的老人建立专门的养护老人之家，根据老年人的经济条件收取一些费用，其余的由国家负担80%，地方主管的市县或町村承担20%；还有为身体上或者精神有缺陷的老年人提供的特别养护之家，在费用的收取上中介根据其自身或者赡养人的经济条件而酌情收取；面向60岁以上的老人建立低费老人之家，只是收取很低的费用等。在医疗方面，1982年日本制定了《老年人保健法》，提出了"40岁保健，70岁医疗"的理念，对于65岁以上卧床不起的老年人以医疗为主，他们除支付必要的医疗费之外，原则上享受免费医疗。而保健事业的费用全部由国家和各级地方政府负担，其比例是中央、省、县市各承担1/3。日本还创立了老年人专用的医院，这种医院接收的都是患有慢性疾病的老年人，由国家和社会承担基本的治疗费用，超出项目的费用就要由个人承担，但对加入各种医疗保险的70岁以上的老年人以及收入在一定限度以下的65岁的老年人给予医疗费补助，并且对低收入者实行药费全免。在就业优待方面，2004年6月，日本修改了《高龄雇佣安定法》，规定所有企业有义务雇佣老年人，对于要解雇的老年人，离职前必须制作老年人求职活动所需的推荐书等，通过法律的形式确定了老年人就业的权利，使得老年人的权益更容易得到保障。

以上，不论是瑞典还是日本，老年人社会优待的内容具体明确，并与社会发展状况相适应，最主要的是在政府的主导下，绝大多数内容都是通过法律的形式予以确认的，法律的权威性、稳定性、强制性为老年人优待的实现提供了强有力的保障，值得我们探索和借鉴。

社会优待已经成为老年人权益保障的一项重要制度，

并逐步实现了类型化、体系化和层次化。进一步完善社会优待制度需要关注它的全国性、法律性和平等性。社会优待制度建设应当关注三个问题：一是通过修改法律规定将部分社会优待制度上升到国家层面，比如高龄老人补贴就可以写进法律；二是将比较成熟的社会优待政策上升到法律层面，一些比较成熟和可持续的优待政策，可以经由地方立法实现法规化；三是如何通过立法保障平等对待。而在我国现阶段，老年人社会优待内容不够全面具体，各地区还存着差异。相比较而言，社会优待的同等对待问题更受人关注，应当尽量做到城乡无差别，部分地方性社会优待政策应当适度向其他地方的老年人开放，国家不应当仅仅提倡社会优待政策上的同等对待，还应当做出硬性规定，使得比较软性的条款具有硬性的约束。

7. 关于老年人宜居环境建设

构建社会照料服务体系应当强调居家照料是基础，社区照料是支撑，这就需要特别重视老年人宜居环境建设。何为老年人宜居环境呢？根据《全球老年友好型城市建设指南》，政府应当发展便捷的公共交通，在公共场所进行醒目标示，消除老年人在信息沟通方面的障碍，提高老年人在人行横道行走的安全保障，增设公共卫生间，增加公交和公共场所座椅方便老年人出行、休息。老年人宜居环境的核心部分应当围绕养老而展开，宜居环境主要包括适宜老年人生活需要的居住条件，尤其需要注意引导开发老年人宜居住宅和代际亲情住宅。也就是说，老年人宜居环境建设不仅只提供和改善生活便利设施，还应当包括促进子女与老年人就近居住或者共同居住，创造适宜老年人生活的良好的人际环境，将环境中的物质性要素和精神性要素结合起来。"宜居环境"应当侧重于围绕养老展开，不能过于宽泛，也不能过于原则，应当立足于完善老年住宅功能，使老年住宅适于老年人养老需要，适于家庭和社会照料需要。

老年人宜居环境建设应当参照国际标准，根据国情吸收和采纳《全球老年友好型城市建设指南》的指导性意见和建议，借鉴国外有益经验，比如可以借鉴日本的做法，面向高龄者和残障者推行"新黄金计划"，着重于建设符合高龄者、残障者居住的住宅，建设附有支援生活功能的高龄者住宅，推动能改善高龄者、残障者生活状况的社区环境建设。

(二) 老年人权益保障地方立法比较

1. 关于家庭保障

就目前各地立法而言,家庭保障部分主要涉及赡养者义务、赡养协议、遗赠扶养协议、老年人财产权、老年人身权五个方面的内容。

(1) 关于赡养者义务。各地方立法对赡养者义务的规定各不相同,但主要集中于以下几个方面。

第一,义务主体。四川省、天津市两地立法以"赡养人"对义务主体进行了概括,没有进一步规定赡养人的具体范围。其他地方立法对赡养的义务主体规定的较为明确。概括起来有广义和狭义之分。狭义的义务主体是指老年人的婚生子女、非婚生子女、形成抚养关系的继子女、养子女以及父母死亡的有负担能力的孙子女、外孙子女。河南、云南两地的老年人保障条例采用狭义说。广义的义务主体除包括狭义的义务主体外还包括配偶、兄弟姐妹等,《上海市老年人权益保障条例》则采用广义说,规定老年人与配偶有相互抚养的义务。由兄、姐抚养的弟、妹成年后,有负担能力的,对年老无赡养人的兄、姐有扶养的义务。

第二，义务内容。各地规定均包括了经济、生活、精神三个方面。典型的如《湖北省实施〈中华人民共和国老年人权益保障法〉办法》规定：老年人依法享有受赡养的权利，赡养人必须依法承担赡养义务，履行对老年人经济上供养、生活上照料和精神上慰藉的义务，照顾老年人的特殊需要。《上海市老年人权益保障条例》规定：赡养人及其家庭成员应当给老年人以精神上的慰藉，营造和睦友爱的家庭氛围。《浙江省实施〈中华人民共和国老年人权益保障法〉办法》规定："赡养人及其配偶和家庭其他成员应当在精神上慰藉老年人，老年人和赡养人分开居住的，赡养人应当经常看望和问候老年人。"

第三，不作为义务。各地老年人权益保障条例及实施办法均规定了赡养人不作为义务的规定。主要内容包括赡养人及其家庭成员不得要求老年人承担力不能及的劳动；不得以放弃继承权、老年人再婚或离婚以及其他理由，拒绝履行赡养义务等。《北京市老年人权益保障条例》规定"赡养人不得强行将有配偶的老年人分开赡养，不得以放弃继承权或者其他理由，拒绝履行赡养义务；不得要求老年人承担力不能及的劳动。"

第四，履行义务的方式。大多数地方规定由赡养人承担赡养义务，但个别地方立法还规定了代为履行的赡养方式。《湖南省实施〈中华人民共和国老年人权益保障法〉办法》规定："老年人患病或生活不能自理的，赡养人必须承担护理责任，本人护理有困难的，应当请人代为履行。"上海规定赡养人亲自履行有困难的，可以请人代为履行，并支付所需费用。

（2）关于赡养协议。超过一半的地方立法对此作了规定。就目前各地的立法来看，赡养协议的规定主要包括以下几个方面的内容。

第一，协议的达成。第一种是共同赡养人之间通过协商达成协议，但需征得被赡养人的同意，并可以要求赡养人做出书面保证。安徽、海南、湖北、江苏、云南等地对此有明文规定。如《安徽省实施〈中华人民共和国老年人权益保障法〉办法》规定："老年人有选择养老方式的权利，赡养人之间可以就履行赡养义务签订协议，并征得老年人同意。老年人可以要求赡养人做出书面赡养保证。"第二种是老年人参与其中，可以就如何履行赡养义务签订协议。例如《山东省老年人权益保障条例》规定："老年人与赡养人可以签订《家庭赡养协议书》。"第三种是在赡养人如何履行赡养义务有争议时，经有关组织调解并达成的书面赡养协议书。例如《青海省老年人权益保障条例》规定："赡养人之间可以就履行赡养义务达成协议，赡养人之间就赡养义务有争议的，老年人所在居、村民委员会或者老年人组织应当进行调解。调解和签订赡养协议应当维护老年人合法权益。调解组织应当监督协议的履行。"

第二，赡养协议的内容。各地规定均较为灵活，例如规定根据实际情况和当地经济社会民情状况拟订，不得低于当地居民平均生活水平等。

第三，赡养协议的监督履行。为了保证赡养协议的履行，各地立法专门规定了赡养协议的监督主体，一类是老年人居住地所在的村民委员会、居民委员会或者赡养人所在的单位和组织以及基层老年群众组织，大部分地方立法采用了此类规定。另一类是相对狭义的监督主体如湖北省仅规定了居民委员会或者村民委员会及赡养人所在组织的监督职责。最典型的如《青海省老年权益保障条例》第15条的规定：赡养人之间可以就履行赡养义务签订协议，赡养人之间就赡养义务有争议的，老年人所在地的村、居民委员会，或者老年人组织应当主持调解，签订赡养协议应当维护老年人的合法权益，调解组织应当监督协议的履行。

（3）关于遗赠扶养协议。《江苏省老年人权益保障条例》规定：老年人可以与扶养人或者村民委员会、居民委员会、养老服务机构等组织签订遗赠扶养协议，按照协议，扶养人或者村民委员会、居民委员会、养老服务机构等组织承担该老年人生养死葬的义务，享有受遗赠的权利。

（4）关于老年人的财产权。各地立法均围绕老年人的财产权做出了相应的规定，并重点规定了老年人的房屋所有权和房屋使用权或者居住权，结合40个老年人权益保障地方立法具体内容来看，对老年人财产权的范围规定各不相同，较为全面地如《贵州省老年人权益保护条例》的规定：老年人的合法收入储蓄房屋和其他财产所有权使用权，以及知识产权受法律保护，任何人不得侵占、私分和破坏。

具体到老年人财产权的内容，主要有以下几个方面。一是房屋所有权和房屋使用权，《福建省老年人权益保护条例》规定：属老年人所有的房屋产权，或租用的房屋使用权，任何人不得侵犯，非经老年人授权，子女或其他亲属无权处分或者侵占，如老年人所有的房屋经老年人同意由子女或其他亲属出资改建或扩建的，应当事先订立协议书明确老年人享有的房屋份额和使用权。江苏省在此基础上还规定了老年人自有房屋破损的，赡养人应当维修。二是居住权，《北京市老年人权益保障条例》规定：老年人承租的房屋，子女或者其他亲属不得挤占，不得擅自变更租赁关系。《福建省老年人权益保护条例》规定：子女所在单位分配的住房，老年人与子女有同等居住的权利，并应照顾老年人的特殊需要，老年人没有住房的，赡养人应妥善安排其住处。三是继承和接受赠予的权利。《贵州省老年人权益保护条例》规定：保护老年人依法享有继承权。四是财产处分权。综观各地立法，其对老年人财产权中所有权排他性权能的规定都较为详细，强调在老年人对自己的财产进行使用及处分时不受他人干涉，并且老年人亦有权拒绝有独立生活能力的成年子女提出的财产要求，如重庆、山西、江苏、贵州、海南等地的立法均有类似规定。《吉林省实施〈中华人民共和国老年人权益保障法〉若干规定》规定：老年人承包的土地、山林、水面、草原，赡养人有义务为其耕种和照料，收益归老年人所有，老年人也可以将其承包的土地、山林、水面、草原委托给其他人管理。五是关于老年人的人身权。除天津、重庆、湖南、广东等地外，各地立法均对此作了规定，核心集中于人身自由和婚姻自由两个方面。其中为数不多的省份专列条文，明确规定了老年人的人身权利不受侵犯，如《四川省老年人合法权益保护条例》规定：老年人的人身自由和人格尊严不受侵犯，禁止侮辱、虐待、遗弃老年人。另外，几乎各地都规定了老年人的婚姻自由，包括结婚自由和离婚自由两个方面，如《西藏自治区实施〈中华人民共和国老年人权益保障法〉办法》规定：老年人的婚姻自由受法律保护，老年人离婚、再婚，子女或者其他人不得干涉或者歧视。河南省还对老年人的休息权以及知识产权作了规定。

2. 社会保障

社会保障与家庭保障相辅相成，它主要包括社会保障总体要求及养老保险、医疗保险等内容。

（1）社会保障的总体要求。《广东省老年人权益保障条例》规定：各级人民政府及其有关部门应当健全对老年人的社会保障制度，充分发挥社会团体、企事业单位在老年人社会保障工作中的作用。这是社会保障总体要求的概括规定，具体可以概括为，兴建福利设施，创造有利条件，强化社会参与保障权益实现，6成以上的地方立法都要求有关部门或组织根据法律规定，多渠道筹集资金兴办老年福利院、敬老院、托老所、老年公寓等养老场所和老年医疗康复保健场所，以及老年文化娱乐体育活动设施，为老年人的权益保障和社会参与创造条件，例如《福建省老年人权益保护条例》规定：积极发展老年福利事业，加强社会保障工作，各地区和各部门应根据法律和有关规定，通过多种渠道筹集资金，兴办敬老场所等福利设施，为保障老年人权益创造条件；《辽宁省老年人权益保障条例》规定：各级人民政府应当将老年事业经费纳入财政预算，并随老年人口数量的增长和经济社会的发展，逐步增加对老年事业的投入；甘肃省将社会保障的总体要求与街区、个人对老龄事业的义务相结合，强调整体服务网络的构建。

（2）关于养老保险制度。个别地方立法笼统规定建立和完善城乡养老保险制度，但缺乏具体的制度设计，例如，《江西省实施〈中华人民共和国老年人权益保障法〉办法》规定：老年人依法享有的养老金和其他待遇应当得到保障，社会保险机构等有关组织必须按时足额为老年人发放养老金，不得无故拖欠，不得挪用。

北京市、广东省、黑龙江省、湖北省、河北省等地则明文规定城乡两条路径分别推进完善养老保险制度。就城市养老保险而言，各地立法均设立了硬性的指标，但是相对于城市养老的硬性指标，各地对于农村养老保险制度的建立和完善，多持可协商和调解的态度。强调根据当地实际分布与推进。例如《黑龙江省实施〈中华人民共和国老年人权益保障法〉条例》规定：农村逐步实行社会养老保险制度，坚持自我保护为主题，自助与互助、社会保险与家庭保险相结合的原则，根据本地情况因地制宜采取多种形式的互助养老办法，有条件的可以拨出部分土地、山林、水面、滩涂、草场等作为养老基地，由农村老年人协会耕种和管理，收益用于老年人养老及解决老年人其他方面的困难。广东省则进一步规定：从农村集体土地征用补偿费归农村集体建设用地使用权流转的收益中，提取一定比例用于建立农村养老保险基金。

（3）关于医疗保险制度。40个地方性法规对此均有涉及，均要求制定和实施医疗保险制度保障老年人的基本医疗需求，典型的如《湖北省实施〈中华人民共和国老年人权益保障法〉办法》规定：逐步建立和完善城乡各种形式的医疗保障制度，保障老年人的基本医疗需要，农村老年人参加合作医疗村集体经济组织应给予照顾，有条件的地方老年人可以免交合作医疗费。

3. 社会照料

对于社会照料仅有部分地方立法有所涉及，但内容相对零散，体系性不强。综观目前的地方立法，社会照料主要包括养老服务规范化、无障碍设施建设、精神卫生服务、志愿慈善服务等内容。

（1）对于养老服务规范化，中国内地31个省、自治区、直辖市的立法中仅有9个对此有明文的规定，其中以江苏省的规定最为全面，《江苏省老年人权益保障条例》规定：县级以上地方人民政府民政部门应当推进养老服务规范化、标准化建设，加强对养老服务的管理和监督，养老服务设施建设，养老服务机构服务应当符合国家标准、行业标准。内蒙古、宁夏等地虽然没有如江苏省一般明确采用养老服务规范化的标准，但是在立法中也有类似的体现，例如《内蒙古自治区实施〈中华人民共和国老年人权益保障法〉办法》规定：老年福利院、敬老院、老年公寓、老年医疗康复中心、老年活动场所等为老年人服务的机构,应当建立健全服务和管理制度,提高服务质量,尊重少数民族老年人的生活习惯,全心全意为老年人服务。

(2)关于无障碍设施的建设,第一,多数地方立法均对此作了明确规定,如云南、新疆、天津、青海、江苏、海南、贵州、甘肃、安徽、北京等地规定,要根据老年人的特殊需要安排和建设老年人生活服务设施和活动场所,建设适合老年人生活的配套设施。

第二,在交通辅助设施方面,云南、西藏、新疆、四川、青海、海南、贵州、广西、北京等地对此有规定,其核心要求是铁路、交通、民航等运输部门应当为老年人乘车、乘船、乘机提供方便,如《广西壮族自治区保护老年人合法权益的规定》中提到,交通运输部门应当尽力对老年人实行优先服务,为老年人乘车、乘船提供方便。

第三,在消费需求设施方面,各地立法均要求生产经营部门尊重老年人的需求,按需生产,按需经营,按需服务,如《福建省老年人权益保护条例》规定,工业、商业服务部门应重视生产经营老年人所需的商品。

第四,在医疗设施方面,《河北省老年人保护条例》

规定：生产、商业、交通运输、医疗卫生等部门和文化体育娱乐场所在开展社会服务活动中要为老年人提供方便。

（3）关于精神卫生服务，主要包括精神慰藉和医疗服务两个方面的内容。各省市的地方性法规对此均有涉及，部分省市将上述内容分散规定于家庭保障、社会保障等不同章节，也有部分城市将其作为社会服务与社会参与的核心内容，如《江苏省老年人权益保障条例》在社会服务与社会参与一章中规定：全社会应当关心老年人精神生活和心理健康，乡镇人民政府街道办事处以及村民委员会、居民委员会应当为老年人交流和心理服务提供场所，组织做好老年人心理关爱工作。

（4）关于志愿慈善服务，有18部地方性立法对此有规定且内容基本类似于《安徽省实施〈中华人民共和国老年人权益保障法〉办法》的规定，即：提倡组织和个人资助或扶助孤寡贫困老年人，鼓励和支持社会志愿者为老年人服务；《北京市老年人权益保障条例》规定：鼓励和提倡社会组织和个人为老年人义务服务。此外天津、内蒙古、辽宁等地均明确规定鼓励支持社会志愿者为老年人服务。除此之外，个别省市立法也有自己的特殊规定，如《江西省实施〈中华人民共和国老年人权益保障法〉办法》规定，提倡各类社会组织或者个人资助或者扶养生活困难的鳏寡孤独老人。海南省还立法规定了对于志愿慈善服务中贡献突出的个人和组织的奖励政策。

4. 社会救助

《老年人权益保障法》地方性立法中，诸多地区对社会救助作了明确规定，主要涉及救助对象、救助内容等。如《山东省老年人权益保护条例》规定：无劳动能力、无生活来源、无赡养人和扶养人的，或者其赡养人和扶养人确有困难，无力扶养的，由人民政府发放救济款或者由老年福利院供养；农村实行的五保集体供养制度，所需经费和实物从村提留或者从乡镇统筹费中列支，也可以从农村集体经济收入中列支。《上海市老年人权益保障条例》第23条规定：市人民政府建立最低生活保障制度，对于生活水平低于本市最低生活保障标准的老年人实行社会救助。

（1）关于救助的对象，各地立法基本表述一致，主要针对无劳动能力无生活来源又无赡养人和扶养人，或者其赡养人和扶养人确无赡养、扶养能力的弱势老年人。

（2）关于救助方式，各地立法对此规定有所差异，并且城乡有别，比如《江苏省老年人权益保障条例》规定：无劳动能力、无生活来源又无赡养人和扶养人或者其赡养人和扶养人确无扶养能力的老年人，享受最低生活保障的老年人以及属于重点优抚对象的老年人死亡的，免除基本丧葬费服务费。

（3）关于救助内容，各地主要涉及生活、医疗及法律救助。

第一，生活救助，具体内容因地域差异在城市和农村而有所不同，多个地方立法规定，针对城市老人的生活保障须经有关部门审查，只有符合条件的才可享受最低生活保障。《湖北省实施〈中华人民共和国老年权益保障法〉办法》规定：城镇老人无劳动能力、无生活来源、无赡养人和扶养人的，或者其赡养人和扶养人确无赡养和抚养能力的，可由本人或者其所在地的居民委员会向当地人民政府的有关部门提出申请，经核准后领取最低生活保障金。贵州省在此基础上规定了政府的救助义务和社会的捐助责任，系当地人民政府给予适当的救助并提倡社会捐助。河北省规定，有条件的地方可以把孤寡老人送到社会福利院供养，针对农村老人的生活保障，则由乡镇人民政府和村民委员会负担保吃、保住、保穿、保医、保葬的五保供养；《湖北省实施〈中华人民共和国老年人权益保障法〉办法》规定：属于农村居民的，乡镇人民政府必须组织实施供养制度，有条件的应当集中在敬老院供养，不能集中供养的，应当落实到户共养并保障其生活不低于当地平均生活水平。

此外，部分地区对高龄老人的生活保障还作了专门的规定。江苏省规定对享受最低生活保障到70岁以上的老年人每月增发不低于最低生活保障标准10%的保障；甘肃省规定政府向百岁老人办理寿星证，对百岁老人的生活给予特殊照顾，具体办法由当地人民政府规定。

第二，医疗救助，关于医疗救助结合各地规定总结如下：一是实行医疗费用减免制度，该制度主要针对农村中参加合作医疗保险的老年人，例如《甘肃省实施〈中华人民共和国老年人权益保障法〉办法》规定，农村老年人参加合作医疗，村集体经济组织应当给予照顾，有条件的地方对老年人可以减免合作医疗费。二是建立基本医疗救助基金，广东省特别规定，建立基本医疗救助基金保障老年人就医。三是建立老年病医院或者建立老年病门诊，在有条件的地方实行老年病床或者家庭病床制度。湖南省、福建省、黑龙江省等地，在医疗保险制度中明确了上述规定。四是建立健康档案，海南省明文规定要建立老年人健康档案制度，加强信息管理，科学推进医保。五是开展防治老年病研究，贵州省对于医疗保险制度的规定非常简要，但其中明确规定了积极开展防治老年病研究的要求。六是出诊到户制度，该制度是福建省的独创，且其对象仅为80周岁以上的高龄老人。七是巡回医疗服务，即湖北省专门规定的针对老年人的巡回医疗服务。八是免费常规体检服务。《西藏自治区实施〈中华人民共和国老年人权益保障法〉办法》规定，对90周岁以上的老年人，当地卫生医疗部门应当每年组织为其免费常规体检，普及保健教育；《上海市老年人权益保障条例》规定，开展各种形式的健康教育，普及老年保健知识，增强老年人自我保健意识。

第三，法律救助，有个别省市的地方性法规进行了规定，其中海南省的规定较为全面，《海南省实施〈中华人民共和国老年人权益保障法〉若干规定》规定：确因经济困难无能力或者无完全能力支付法律服务费用的老人，可以向司法行政部门提出法律援助申请，司法行政部门应当依照规定为老年人提供法律援助。老年人因合法权益受到侵害提起诉讼交纳诉讼费确有困难的，人民法院应当按照有关规定给予缓交、减交或者免交诉讼费。司法鉴定机构对因受不法伤害请求赔偿进行伤残鉴定，而无力支付鉴定费用的老年人，应免收鉴定费用。提倡自愿为老年人维护权益提供法律服务。老年人因合法权益受到侵犯而提起诉讼时，江苏、湖南等地规定只有在经济困难的前提下，才能减免诉讼费用，例如《江苏省老年人权益保障条例》规定：老年人为追索赡养费、扶养费、抚恤金、最低生活保障金、医疗费等上人民法院起诉，交纳诉讼费用有困难的，人民法院应当按照国家规定减收或者免收诉讼费。也有地方立法没有限定"经济困难"的情形，一律予以减免，典型的如河南省，此外吉林省还规定：老年人受到人身伤害威胁时，特别是受到来自家庭成员的人身伤害威胁时，老龄工作机构、居民委员会、村民委员会或者其他有关组织应当采取临时庇护措施。

5. 社会优待

所谓社会优待是指国家或社会依照有关规定，对优抚对象给予优厚待遇的制度。社会优待在一定时间内，是军人这一主体的专有权利，而如今随着老龄社会的到来，作为曾经为社会、为人类做出贡献的老一辈，也同样需要社会优待制度的支持。

在40部地方性立法中，有3部将社会优待单独成章，分别是《宁夏回族自治区老年人权益保障条例》《江苏省老年人权益保障条例》《太原市老年人权益保障办法》。此外，云南省、黑龙江省等16地也出台了有关老年人社会优待的专项规定。对于社会优待主要涉及医疗卫生优待、生活服务优待、文体休闲优待等。

（1）关于医疗卫生优待，各地均有涉及，且差异较小。具体包括以下几条：第一，优先就医。在同等条件下，老年人挂号就诊，缴费、取药、住院等均享有优先权利，能得到优先的照顾，福建省有此规定。第二，硬件保障。即医院对行动不便的老人免费提供担架、推车和助步器等服务，吉林省优待老年人的规定就对上述内容做出了规定。第三，上门服务。《浙江省人民政府关于印发浙江省优待老年人规定的通知》规定：基层医疗机构，社区服务中心因为患有慢性病或者行动不便的老年人设立家庭病床，提供上门服务。第四，费用减免。新疆维吾尔自治区在具体操作上述优待措施时，采取以年龄为标准划定优待权限的方式，分为60岁到65岁、65

岁到100岁、100岁以上三个层次。规定100岁以上的老人可享受定期的免费体检。

（2）关于生活服务优待。生活服务优待主要包括义务的免除和权利的享有。其中，关于义务免除的规定内容比较少，且免除的具体事项也不相同。例如，山东省规定，老年人不承担各种社会集资，对农村70岁以上的老年人实行农业税收优惠政策，按照省农村税费改革的有关规定执行；四川省规定，农村老年人不承担义务工和劳动积累工。

（3）关于文体休闲待遇。综合各地规定，文体休闲待遇主要涉及免费进入公园、动物园、博物馆、文化馆、图书馆、电影院、风景名胜区，实行费用减免。

（4）关于优待证。为了保障老年优待政策的有序实施，四川省、浙江省等地大都采用优待证的管理方式。《浙江省人民政府关于印发〈浙江省优待老年人的规定〉的通知》，对于优待证的管理较为规范、明晰，具体内容如下：优待证分为红、绿两种卡，其中红卡发放对象为70周岁以上的老年人。绿卡的发放对象为60周岁到70岁的老年人，优待证由省老龄办统一监制，由各市县老龄办负责制作，免费向老年人发放，制作经费由各级财政承担。

此外，部分老年人权益保障地方立法还涉及对省外老年人社会优待享有的规定，如浙江省规定，外省、自治区、直辖市的老年人持有当地政府或老龄工作机构发放的老年优待证或身份证及其他合法身份证明到浙江省观光旅游、探亲访友的，享受浙江省老年人同等的优惠待遇。类似规定在流动人口急剧增加的今天对于保障老年人合法权益具有重要的意义，值得各地在综合考量当地经济发展水平的基础上借鉴发扬。

6. 社会参与

除天津、山西、青海、宁夏、太原五地外，各地老年人权益保障立法均规定全社会应当尊重、珍视老年人的知识技能和经验，鼓励并支持老年人根据社会需要，在自愿和量力的情况下继续为社会服务，各地立法的差异则集中体现于鼓励老年人参与社会活动的内容与范围方面，以列举方式明确规定老年人参与社会活动内容的地方性立法有3部，即《云南省老年人权益保障条例》，《江苏省老年人权益保障条例》和《吉林省实施〈中华人民共和国老年人权益保障法〉办法若干规定》，都明确鼓励和支持老年人在力所能及的情况下，参与兴办公益事业，从事志愿服务等社会公益活动，提供相关的咨询服务，关心下一代的教育等。

为了更好地鼓励并保障老年人参与到社会生活中，地方立法以老年文体教育为突破口，主动规定了以下内容：第一，动员社会力量兴办老年学校。湖南省、辽宁省明文规定老年人有接受继续教育的权利，安徽、北京、河南、广东等26地鼓励和支持地方兴办老年学校。第二，建设完善老年活动场所，广西壮族自治区规定将其纳入城乡建设规划，其他省、市也明确了完善老年活动场所对于丰富老年人生活的重要意义，例如吉林省。第三，开展符合老年人特色的文化活动。《宁夏回族自治区老年人权益保障条例》规定，老年人组织开展适合老年人需要的文化、体育等活动，文化、体育等部门应当在场地器材及培训方面给予帮助。第四，部分费用的减免。北京市规定了对老年人参观博物馆、纪念馆等场所的费用予以减免的政策，云南省规定老年人进入公共体育场所以及剧院，票价优惠。第五，将老年教育列入规划。《海南省实施〈中华人民共和国老年人权益保障法〉的规定》第15条规定，各级人民政府应当将老年教育列入教育发展规划，加强老年教育设施的建设，鼓励支持社会组织和个人兴办各类老年学校，开展各种形式的老年教育；《江苏省老年人权益保障条例》规定，县级以上地方人民政府应当把老年教育纳入终身教育体系，鼓励和支持社会力量办学，多渠道多种形式为老有所学提供条件。

7. 地方立法法律责任规定

老年人权益保障法律责任包括作为责任和不作为责任两种形式：作为责任是指违反法律的禁止性规定，以作为的方式侵害老年人权益的责任形式；不作为责任是指违反法律应当积极作为的规定，而以消极不作为的方式侵犯老年人权益的责任形式。

（1）关于侵犯老年人人身权的法律责任。在实践中侵犯老年人人身权主要表现为干涉婚姻自由、不按规定履行赡养义务、扶养义务，歧视、侮辱、虐待或者遗弃老年人等行为。对此，江苏、山西等地的法律，直接规定了情节严重时的刑事责任。例如《江苏省老年人权益保障条例》规定，暴力干涉老年人婚姻自由或者对老年人负有赡养义务、扶养义务而拒绝履行的，情节严重的依法追究刑事责任；湖北、山东、黑龙江等地则分情形对此规定，《山东省老年人权益保障条例》规定，违反本条例干涉老年人婚姻自由或者因老年人婚姻关系变化而拒不履行赡养义务的，由赡养人所在单位或者居民委员会、村民委员会对其进行批评教育，责令改正，情节严重构成犯罪的，依法追究刑事责任。

（2）关于侵犯老年人财产权的法律责任。北京、黑龙江、山东、山西、云南、河南、上海等地规定主要围绕侵犯老年人房屋所有权和房屋使用权的行为展开，在接到侵害人未经老年人同意改变老年人的房屋产权关系、房屋租赁关系，或者更改户主迁入户口的老年人投诉后，房屋土地管理部门、公安部门应当及时依法处理，而侵害人也将为侵权行为承担相应的法律责任。湖北省规定，家庭成员抢夺、勒索或者以其他方式侵占老年人财产，情节较轻的，由有关机关依照《中华人民共和国治安管理处罚法》处罚，构成犯罪的，依法追究刑事责任。河南省的规定更倾向于救济途径，规定侵害老年人合法的财产权、知识产权以及其他财产权的，受害人可依照《治安管理处罚法》的规定，向当地公安机关控告，或者依照《民法通则》《民事诉讼法》的规定向人民法院起诉。公安机关或人民法院应当依法处理。

（3）关于有关单位和个人不履行优待义务的法律责任。甘肃、山东、安徽、青海、江西、山西、内蒙古、宁夏、海南、云南、江苏等地在立法中作了明确规定，主张责任主体在违反法律规定不向老年人提供优惠和优待服务时，由其主管部门给予批评教育，责令改正；拒不改正的，对单位负责人、直接责任人给予处理。各地立法对于有关单位和个人不履行优待职责的情形也作了细化规定。例如，《山西省实施〈中华人民共和国老年人权益保障法〉办法》规定，所谓不履行优待职责主要包括以下两个方面：第一，经营管理老年福利设施的组织和个人，未按规定为老年人提供服务；第二，有义务为老年人提供优待服务的组织和个人，拒绝为老年人提供优待服务。

（4）关于公职部门不作为的法律责任。北京、陕西、甘肃、安徽、江西、广东、西藏、辽宁、湖北、上海、江苏和长春、抚顺、昆明、乌鲁木齐、厦门等地均对公职部门不作为的法律责任作了明确规定。老年人权益保障工作涉及诸多主管部门，上述各地基本上采取了统一的模式，明晰了主管部门及其工作人员的法律责任，即：不履行保护老年人合法权益职责的部门或者组织，由其上级主管部门责令改正。国家工作人员不履行规定的职责，致使老年人合法权益受到损害的，由其所在组织或者上级机关责令改正并可依法给予行政处分，构成犯罪的依法追究刑事责任。

此外，个别省市单独就司法机关不作为的法律责任作了规定，典型的如《甘肃省实施〈中华人民共和国老年人权益保障法〉办法》规定，人民法院、人民检察院和有关部门对侵犯老年人合法权益的控告、检举、申诉拒绝受理或者故意拖延不及时给予处理的，由其上级主管部门对直接责任人给予批评教育，责令改正，情节严重的给予行政处分。

另外，各地关于法律责任一章的规定内容基本相同，个别省份在上述四项主要责任的基础上还规定了其他较为特殊的法律责任。例如，《陕西省实施〈中华人民共和国老年人权益保障法〉办法》规定，老年人的人身和财产安全受到威胁时，可以请求公安部门或者村民委员会、居民委员会予以保护，有关部门接到警情后，应当立即采取保护措施；居民委员会、村民委员会接到请求后应当采取临时庇护措施。还规定，擅自改变公共老年福利设施用途的，由上级主管机关或者所在地人民政府责令改正。内蒙古针对行动不便的老人还专设了上门服务的条文，行动不便的老年人因其权益受到侵害而投诉，受理部门应当及时上门调查处理。

综上，如果说老年人权益保障基本制度构成老年人权益保障规范体系主干的话，老年人权益保障的具体制度则构成老年人权益保护规范体系的分支。借鉴域外先进可行的经验，根据我国现有的国情及地区差异，在老年人权益保障过程中，尤其应当重视老年人精神慰藉、人身保护制度、财产保护制度、老年监护制度、长期护理保险制度、高龄优待制度、老年就业制度以及国家支持家庭养老制度等的建立、健全与完善。

六 我国孝敬老人相关法律的缺陷与完善

（一）我国孝敬老人立法及实践中的问题

经过对我国现行法律和政策的仔细梳理，并结合前期对36份司法判决和14个媒体报道的典型案例的分析，在孝敬老人法治化问题上，我国目前还存在以下几方面问题。

1. 旧的道德观念影响下的习惯法常常导致子女赡养义务缺位

虽然我国现行法律对于孝敬老人的义务主体都有明确的规定，老年人的子女以及其他依法负有赡养义务的人都是法定的赡养义务人，但是在偏远农村以及少数民族地区，一些旧的道德观念或者风俗习惯对于孝敬老人问题却发挥着重要的作用，甚至超过法律的权威。例如，在农村至今还流传着"嫁出去的姑娘，泼出去的水"这一传统习俗，意思是指女儿一旦出嫁便与娘家没有任何关系，女儿不能继承父母的遗产，当然也就不承担实质上的赡养义务，这样，赡养和孝敬的主要责任就由儿子来承担，这种情形下，儿子如果不孝敬父母甚至虐待父母，女儿想要接回家赡养老人也是不行的。例如，在重庆市铜梁县的一个偏远山区里，住着一位74岁的孤独老人李某某，她有两儿四女，儿女皆已成家立业，后来老伴去世，剩下古稀之年的她一人独自生活，无人照料。纠纷来源于一起占地补偿款分割。两个儿子未经母亲许可，到村委会领取了17.832万元的占地补偿款，然后去了广东打工，母亲李某某知晓后，多次找儿子和儿媳要求分割该笔补偿款，最终经过调解，达成分割方案，母亲分7万，其余由两个儿子平分，但有一个附加条件，母亲只能得2万，其余5万以母亲的名义存银行用作以后的看病支出。但是，后来李某某老人实际只得到1万多元，5万元存款的名字是两个儿媳。索要无果后，在四女儿的支持下，李某某老人将两个儿子告到法院，最终通过法律途径拿到了应该拿到的份额。然而一出法院儿子就把四女儿打了，老人也跟着受伤。此后，两个儿子便对在山上一个人独居的母亲不闻不问。其他三个女儿认为，嫁出去的女儿泼出去的水，她们不要房子不要钱，也没有赡养老人的义务。只有四女儿长期侍候在母亲的身旁。她想把母亲接回家赡养，但是儿子儿媳都不同意。长子坚持，父母应由儿子赡养。农村有风俗习惯，儿养父母没商量。后来，重庆市铜梁县人民法院针对李某某的养老问题组织了一场调解，最终无果。①

如果老人只有一个孩子，不管是儿子还是女儿，孝敬的责任一般都能落实。但是，如果老人有多个孩子的话，往往就会相互推诿，无人承担赡养义务，有时甚至因赡养老人的问题而大打出手，甚至置老人安危于不顾。据媒体报道，王大妈养有两个女儿，后来却因得了脑血栓半身瘫痪，大女儿照料母亲一段时间后，不愿再继续照料，便把母亲用手推车推至妹妹家小区楼下，想交给妹妹照料，结果妹妹因忙着遛狗而不愿照顾。炎炎烈日下，狠心的姐妹将半身瘫痪的母亲抛下弃之不顾，致使动弹不得的老母亲摔倒在地，口鼻流血窒息惨死街头。②

此外，如果老人有一个以上儿子的话，也可能按照农村长期坚持的"分家分给谁谁赡养"这一习惯法则，儿

---

① 中央电视台《今日说法》，《七旬老人的伤心事》，2013年10月10日；中央电视台《热线》，《山上独居的老人》，2013年12月3日；中央电视台《道德观察》栏目，《接不回的妈》，2014年1月26日；陕西电视台《新说案》栏目，《六个儿女不养妈》，2014年3月13日。

② 陕西卫视《见招拆招》栏目，《养狗不养妈》，2012年8月9日。

子对不与自己一起生活的亲生父亲或者母亲不尽义务。①

2. "精神赡养"入法引争议凸显部分公众对孝敬老人法治化的质疑和顾虑

按照新修订的《老年人权益保障法》，家庭成员应当关心老年人的精神需求，不得忽视、冷落老年人。与老年人分开居住的家庭成员，应当经常看望或者问候老年人。该条款被称作"常回家看看"条款，受到全社会的普遍关注，反映了法律对空巢老人精神需求的极大关切。依照该条款，子女不经常回家探望父母，便有可能构成违法。对此，很多公众质疑甚至持反对的意见，认为用法律来处理道德问题是不合适的，法条中的"经常"很难界定也难以执行。一些评论人士说，该法不过是给子女增添了额外的压力。《国际先驱导报》联合搜狐网对此展开了调查，有1574人参加了投票。结果显示：对于"以法律方式约束'孝心'，你认为合不合适？"这一问题，有77.76%的参与者认为不合适，只有19.38%的参与者认为合适。②

---

① 参见吴柳锋《"常回家看看"首案开审 母亲掩面痛哭》，《华西都市报》2013年7月17日。

② http://survey.sohu.com/poll/result.php?poll_id=75330，2015年3月8日访问。

图 10 "常回家看看"条款入法调查表

3. 现有法律执行力不强，难以有效约束和制裁不愿孝敬和孝敬不力情形

从现有立法来看，《宪法》《民法通则》《婚姻法》《继承法》等法律对于孝敬老人都有比较明确的规定，但是普遍缺乏强制执行力，对于不孝敬老人、不尽赡养义务的行为难以追究其法律责任。除非情形十分严重，构成犯罪，才受刑法的严惩。但从前期的研究来看，对于虐待、遗弃父母者利用《刑法》进行追责的比例非常低。2013年新修改的《老年人权益保障法》成为目前保障老人权益最全面、最权威的专门法律，对于孝敬老人

的义务主体及法律责任均有比较明确的规定。但是，该法并没有规定对于不孝敬老人或者孝敬不够的行为应该由什么机关来执法？如何追究赡养的违法责任？仅仅在第6条规定县级以上人民政府负责老龄工作的机构，负责组织、协调、指导、督促有关部门做好老年人权益保障工作。缺乏明确的管理和执法机构，使得该法的执行力大打折扣。另外，该法中也有一些"鼓励""提倡"等原则性的规定。仅以"精神赡养"条款为例，虽然第14条和第18条有规定，但是"经常看望"如何界定？谁来问责？怎么问责？都缺乏具体的规定。相比之下，一些地方性立法中的某些做法值得大力推广。

4. 新旧制度衔接不畅，客观上造成孝敬不能，影响法律的实施效果

现行《老年人权益保障法》分了九章85条，从国家到各级政府，涉及社会团体、基层群众性组织、赡养人等各个层面构建了比较充分的老年人权益保障体系。但是，诸多规定的落实都有待于和现行相关制度相衔接，否则便会因立法上的冲突而影响预期立法目的的实现。再以子女"常回家看看"制度为例，虽然规定了子女应该关心和照顾父母的精神需求，而且明确规定了用人单位应当按照国家有关规定保障赡养人探亲休假的权利。但是，从实际上看，现行探亲假期制度还有待进一步完善。面对紧张、激烈的就业和竞争环境，职工只能把工作摆在首位，探亲权很难得到保障，造成客观上的孝敬不能。依照《国务院关于职工探亲待遇的规定》，未婚子女一年才有一次探亲假，已婚子女四年才有一次探亲假，并且这一规定在实施的过程中还往往被用人单位以各种借口削弱，很多外地工作的子女表示，不是不想回去看望父母，而是探亲假实在太少。这样的现象背后，反映出子女在赡养老人过程中探亲权利的匮乏，若国家配套法律难以保障广大工作者的探亲权利，那么，《老年人权益保障法》这一制度在实施的过程中必然会遇到实施不能的尴尬。

5. 恶性遗弃、虐待老人的违法犯罪行为得不到有效的惩治

根据我国现行法律，子女虐待或者遗弃父母将构成违法或者犯罪。《婚姻法》第3条规定："禁止家庭成员间的虐待和遗弃。"《老年人权益保障法》第75条规定："干涉老年人婚姻自由，对老年人负有赡养义务、扶养义务而拒绝赡养、扶养，虐待老年人或者对老年人实施家庭暴力的,由有关单位给予批评教育;构成违反治安管理行为的,依法给予治安管理处罚;构成犯罪的,依法追究刑事责任。"《中华人民共和国刑法》第260条规定,虐待家庭成员,情节恶劣的,处二年以下有期徒刑、拘役或者管制。犯前款罪,致使被害人重伤、死亡的,处二年以上七年以下有期徒刑。第一款罪,告诉的才处理。《刑法》第261条规定,对于年老、年幼、患病或者其他没有独立生活能力的人,负有扶养义务而拒绝扶养,情节恶劣的,处五年以下有期徒刑、拘役或者管制。但是《婚姻法》和《老年人权益保障法》的规定难以真正落实,即使是《刑法》中有关于虐待罪和遗弃罪的规定,但是真正受到刑事制裁的并不多。原因在于:虐待罪属于告诉才处理的犯罪,属于刑事自诉案件的范围;遗弃罪中的关键标准"情节恶劣"缺乏认定标准;此外,受传统孝道的影响,即使子女构成犯罪,父母一般也不愿意甚至反对子女受到刑事制裁。因此,在大量的恶性遗弃、虐待老人案件中,犯罪嫌疑人难以得到严厉的法律制裁,使得很多老年人的生活处境越来越差。例如,在前述《养妈不如养狗》案例报道中,姐妹两人相互推诿赡养责任竟然将瘫痪的母亲置于夏天的烈日之下,最后摔倒惨死街头。再如，2011年4月1日晚，在浦东国际机场到达大厅，搭乘航班从日本返沪的男子汪某到达不久，就与前去接机的母亲发生争执，焦点是关于学费。当时，汪某从托运的行李中取出一把水果刀，对着母亲顾某连刺9刀，导致顾某当场倒地昏迷。汪某随即被赶来的民警抓获，同时民警迅速将顾某送至附近医院抢救。[①] 不知出于何因，已经长大成人的儿子竟然能对母亲下此毒手，但是母亲事后也表示原谅儿子希望其不要受到刑事制裁。此案让我们深刻反思，其实教会子女如何做人比送出国留学更为重要。

6. 孝敬老人相关社会保障法律体系有待健全

新《老年法权益保障法》指出，国家要建立多层次的社会保障体系，逐步提高对老年人的保障水平；国家建立和完善以居家为基础、社区为依托、机构为支撑的社会养老服务体系。可以看出，随着社会的变迁，我国养老方式也在发生着变化，养老方式从单一的家庭养老方式逐渐转向多元化。但是，我国目前关于养老的社会保障法律体系整体还不健全，对于老年人的社会保险、

[①] 《留日男生浦东机场刀捅母亲》，《京华时报》2011年4月11日。

社会救助、社会福利等都需要完善的法律来保障。反观西方国家，通过颁布《老年保健法》《社会救济法》《医疗保险法》《养老保险法》《家庭赡养法》等法律法规，全面涵盖社会养老的方方面面[①]，而我国目前还缺乏这样的配套法律法规，目前我国建立起来的基本养老保险制度、居民医疗保险制度，只能涉及老年人权益的一部分，关于老年人福利保障的部分散落于各类法规文件中，操作性差，这样的法律体系，直接导致法律适用范围减少，老年人的权益无法得到有效保障。

（二）移风易俗，宣传敬老爱老的法治观念

党的十八届四中全会提出了"依法治国，建设社会主义法治国家"的法治发展总目标，提出要坚持法治国家、法治政府、法治社会一体建设，实现科学立法、严格执法、公正司法、全民守法，促进国家治理体系和治理能力现代化。党的十八大报告明确提出，要深入开展法制宣传教育，弘扬社会主义法治精神，树立社会主义法治理念，增强全社会学法尊法守法用法意识。社会主

[①] 郑蓉菲：《我国老年人权益保障立法现状评析——以〈老年人权益保障法〉为视角》，硕士学位论文，延边大学，2014年。

义核心价值观是在充分吸收人类历史发展中一切优秀文明成果的基础上,从中国特色社会主义建设实际需要出发,结合时代发展要求,综合创新的结果。[①] 弘扬社会主义核心价值观,既需要公民的内心自觉,更需要落实到实际行动当中去。在依法治国、建设社会主义法治国家的背景之下,弘扬社会主义核心价值观,不仅是道德问题,更是法律问题。要从根本上解决我国孝敬老人等关乎中华民族优良传统的现实问题,需要通过有效的法治宣传,改变和摒弃旧的思想观念,真正提高全民族的法治意识和法治素养。这样,社会主义核心价值观也就更容易深入人心,更容易发挥其影响作用。对此,提出以下几点建议。

1. 建议国家层面制定社会主义核心价值观法治宣传规划,根据城乡发展实际,根据不同人群,制定明确的宣传目标和具体的年度推进计划

从新中国成立至今,尤其是十一届三中全会以来,我国的法治发展水平取得了举世瞩目的成就,但是公民的法治意识和素养仍远远低于西方国家。在广大农村和

[①] 李书吾、李秋发:《社会主义核心价值观具有世界意义》,《中国社会科学报》2014年5月28日。

边远民族地区,"父债子偿""理大于法""嫁出去的姑娘泼出去的水"等错误的观念至今仍根深蒂固,多年的法治宣传多流于形式,效果并不明显。因此,以宣扬社会主义核心价值观为契机,制定科学合理的法治宣传规划,实有必要。

2. 充分利用好各种媒介平台

通过网络、电视、报纸、微信、微博等各种媒介平台,全方位做好社会主义核心价值观相关法治宣传。建议中央电视台《今日说法》栏目及相关法治栏目改到合适的时段播放,如《今日说法》放在中午时段播放根本没有时间观看,收视效果并不明显;建议整理社会主义核心价值观相关法律规定,通过新的电视节目或者微信、微博平台进行宣传;建议组织编写社会主义核心价值观相关法律规定及宣传案例,免费发放,尤其是保证农民人手一册,并且通过举办一些比赛活动来引导和激励学习。

3. 加大对大学生法治下乡的支持力度

鼓励更多的法治青年下乡宣扬法治精神,传播法律知识。使得大学生下乡不再流于形式,不再变相扰民,必须有实实在在的效果。

4. 由有关部委牵头联合实施法律院校和农村、社区法治服务结对子计划

支持各省市法律院校和有关社区和边远农村定向联系结对子，提供充分的法治服务。这样也有利于老师掌握基层法治实施现状，有针对性地开展法律研究，为国家提供客观、准确的智库服务。

5. 建立大学生村官、基层公务员任职法治培训制度

近些年，国家通过各种政策鼓励大学生毕业后服务基层，如大学生任村官或者基层乡镇长助理，确实起到了明显的效果。如果能够对通过选拔即将上任的大学生村官或者基层公务员提前进行充分的法律培训，将会对基层今后的法治化宣传起到很好的促进作用。

6. 建立社会主义核心价值观法治宣传效果评价制度

为了保障此项宣传计划的真正效果，建议建立社会主义核心价值观法治宣传效果评价制度，通过问卷调查、实地走访、评选模范等各种形式，检测宣传的实际效果，避免宣传活动流于形式、不了了之。

7. 建立统一的孝敬老人不良信息系统

对于孝敬老人的问题，建议建立一个全国联网的不良信息系统和曝光平台，将不赡养父母甚至虐待、遗弃

父母的不孝子女向社会公众曝光，从而警示和促进更多的人切实履行赡养义务，孝敬老人、爱护老人。

（三）科学立法，进一步完善孝敬老人的立法保障

我国已出台从宪法、法律、行政法规到地方性法规的多层级养老敬老相关立法。《宪法》第 49 条明确规定了成年子女对父母的赡养义务；《老年人权益保障法》是孝敬老人的专门立法，《民法通则》《继承法》《婚姻法》《刑法》《劳动法》《民事诉讼法》等法律，也均直接或间接有孝敬老人相关规定；国务院出台了《国务院关于职工探亲待遇的规定》等行政法规；另外，还有各省、自治区、直辖市先后公布的关于保障老年人权益的地方性法规。

以《宪法》为基础，以《老年人权益保障法》为主轴，孝敬老人立法体系已初步形成。但由于《老年人权益保障法》尚无配套实施细则，立法缺漏、不当、衔接不够等问题也仍然不同程度地存在，影响到了法律的可执行性和实施效果；因此，有必要以《老年人权益保障法》为主线，对现行孝敬老人相关立法进行完善。

1. 进一步完善孝敬老人相关法律体系

（1）尽快出台《老年人权益保障法》的实施条例

1996年通过、2012年修订的《老年人权益保障法》是孝敬老人和保护老年人合法权益的专门立法，该项立法理念先进、内容全面，但整体上仍过于原则，可执行性不强。建议由国务院法制办尽快起草该法实施条例，由国务院经法定程序审议、通过并公布实施，以细化《老年人权益保障法》相关规定，明晰子女、家庭、政府、社会、单位各方面的具体责任，增强其可执行性。

（2）明确老年人权益保障工作主管部门

《老年人权益保障法》第6条第3款规定，"县级以上人民政府负责老龄工作的机构，负责组织、协调、指导、督促有关部门做好老年人权益保障工作"。但"负责老龄工作的机构"规定并不明确，实践中系指县级以上政府所设置的老龄委及其办公室，但两者都不具备执法职能。缺乏执法部门导致孝敬老人相关法律的不少规定成为"软法"，因难以执行而在效果上大打折扣，在我国成为老龄化最迅速国家的情况下，早已不敷所用。

建议老龄委职责不变，赋予老龄办执法及监督职能，将该条款修改为："国家老龄工作行政管理部门主管全国的老龄工作。县级以上地方各级老龄行政管理部门主管本行政区域的老龄工作。"同时，在将来制定的实施条例中，明确老龄办为国家各级老龄工作的行政管理部门。

因老龄办设置在民政部门，因此也可明确民政部门为老龄工作主管部门。

（3）将"老年节"更改为"敬老节"

《老年人权益保障法》第 12 条规定"每年农历九月初九为老年节"。这个规定继承了我国农历九月初九重阳节敬老的传统，但"老年节"提法比较中庸，体现不出立法中鼓励孝敬老人，厚风俗、正人心的美意。建议借鉴日本等国外"敬老节"的规定，将"老年节"改为"敬老节"；同时借鉴我国香港的做法，放假 1 日（或 2 日），方便子女看望父母，与父母团聚。

（4）细化"常回家看看"条款

《老年人权益保障法》第 18 条规定了"常回家看看"条款，但比较笼统。可以借鉴芬兰等国经验，将来在实施条例中，以量化的方式规定子女每年应看望父母的频率、次数、天数。还可以结合中国传统，借鉴无锡"常回家看看"条款的"首例判决"，规定春节、端午、中秋、重阳、国庆、元旦等重大节日中，子女应至少安排两个节日看望父母。

建议借鉴新加坡经验，将来在实施条例中，规定政府部门在停车费管理相关规定中，对于子女看望老年父母的，应提供停车便利，并减免停车费用。

（5）对失独家庭老人做适当安排

建议在《老年人权益保障法》第7条增加一款，"对于失独家庭老人，国家和社会要给予必要的物质帮助和精神慰藉"。将来在制定实施条例时，再进一步细化。

（6）促进老年人自律，对特殊老年人做出安排

建议在《老年人权益保障法》第11条中，增加两款：第一，增加"老龄行政管理部门应建立老年人信用档案制度，信用档案与申请养老机构入驻资质评价、养老服务收费标准等挂钩"的规定，为养老服务机构提供评价标准，也促进老年人道德自律。第二，规定老龄行政管理部门应就"有暴力倾向和自残倾向的老人""间歇性生活不能自理的老人"等情况制定评测标准，并对有特殊情况老年人做适当安排。

2. 完善赡养、抚养与敬老相关规定

（1）关于虐待或者遗弃老人

现行法律对家庭暴力，虐待、遗弃、殴打家庭成员

均有规定，但仍有不足。应加大基层公安机关对老年人的保护义务，取消针对老年人犯罪的自诉规定。

第一，建议将《婚姻法》第43条第2款"对正在实施的家庭暴力，受害人有权提出请求，居民委员会、村民委员会应当予以劝阻；公安机关应当予以制止"，之规定修改为"对正在实施的家庭暴力，受害人有权提出请求，居民委员会、村民委员会应当予以劝阻；公安机关应当予以制止，保障受害人不再受到侵害"。

第二，建议删除《婚姻法》第43条第3款中"受害人提出请求的"之规定，修改为"实施家庭暴力或虐待家庭成员的，公安机关应当依照治安管理处罚的法律规定予以行政处罚"，使公安机关进行行政处罚不以受害人提出请求为前提。

第三，建议删除《婚姻法》第45条中"受害人可以依照刑事诉讼法的有关规定，向人民法院自诉"之规定，将该条修改为"对重婚的，对实施家庭暴力或虐待、遗弃家庭成员构成犯罪的，依法追究刑事责任。公安机关应当依法侦查，人民检察院应当依法提起公诉"，使公安机关的侦查和人民检察院的公诉，不以受害人自诉为前提。

第四，《刑法》第260条规定，"虐待家庭成员，情节恶劣的，处二年以下有期徒刑、拘役或者管制。犯前款罪，致使被害人重伤、死亡的，处二年以上七年以下有期徒刑。第一款罪，告诉的才处理"。建议删除其中"第一款罪，告诉的才处理"的规定。无须告诉，公安机关即可侦查，检察机关依法提起公诉。

第五，建议在《治安管理处罚法》第20条关于违反治安管理从重处罚的情形中增加"拒绝赡养、抚养，虐待老年人或对老年人实施家庭暴力的"。

第六，建议在《继承法》第7条中，将"继承人未尽赡养义务，情节严重的"，也列为"丧失继承权"的法定情形之一。

通过这些修改，可以加大基层公安机关保障老年人权益的义务，避免出警形式化，避免老年人受到二次或者后续多次伤害；同时，鉴于老人受到虐待或者遗弃，往往不愿意或者没有条件向公安司法机关提出请求，删除关于受害人提出请求或者自诉的规定，有利于老年人权益保护。

(2) 加大对国家公职人员不孝敬老人的处罚力度

国家公职人员地位特殊，在孝敬老人上应以身作则。

可以借鉴《陕西省实施〈中华人民共和国老年人权益保障法〉办法》的规定，对于不孝敬老人的国家公职人员，加大处罚力度。

建议在《老年人权益保障法》第二章中增加一条："国家工作人员有干涉老年人婚姻自由，不履行赡养义务、抚养义务，虐待老年人或者实施家庭暴力的，由其所在单位或者行政监察机关，给予批评教育或者警告处分；情节较重的，给予记过、记大过或者降级处分；情节严重的，给予撤职或者开除处分。"

(3) 关于老年人赡养费用和赡养方式

现行法律规定赡养方式以居家养老为主，同时强调物质赡养和精神赡养，也可根据实际情况采用协议赡养方式。但是，关于赡养费用来源、赡养的程度、赡养费用的支付、能否采用分开赡养的方式、精神赡养如何落实等均没有明确规定。因此，借鉴陕西、江西、广东等地方的立法规定，予以完善，就很有必要。

第一，建议在《老年人权益保障法》第14条增加一款作为第2款："老年人的基本生活水平不得低于赡养人家庭的生活水平。对无经济收入或者低收入单独居住的老年人，赡养人应当按月或者按约定时间给付赡养费。"

建议在该条"赡养人的配偶应当协助赡养人履行赡养义务"规定后，增加一款："赡养费用应当由赡养人从夫妻共同财产中支付；家庭其他成员应当支持和帮助赡养人履行赡养义务。"

第二，建议在《老年人权益保障法》第27条后增加一条："对共同生活的老年夫妇，赡养人应当尊重他们的意愿，不得强行将他们分开赡养。"

3. 完善社会保障相关问题

（1）通过个税减免鼓励赡养、孝敬老人

在当前家庭小型化、居住分散化的情况下，家庭赡养老人大多会面临比较严重的经济负担。国家应通过税收减免手段，鼓励子女赡养、孝敬老人。

第一，建议将《个人所得税法》第4条第4款"福利费、抚恤金、救济金"修改为"养老费、福利费、抚恤金、救济金"，使得养老费也免纳个人所得税。

第二，建议将《个人所得税法》第5条第1款"残疾、孤老人员和烈属的所得"修改为"残疾人、老年人和烈属的所得"，对老年人所得减征个人所得税。

第三，建议借鉴西方国家普遍做法，对负有赡养义务者减免个税。可以在《个人所得税法》中规定，以家庭为单位，每赡养一个老人，每月从应纳个人所得税中减征500—1000元，减征最多不超过家庭每月应纳个人所得税总额。

（2）鼓励子女与父母同住或就近居住

受西方影响，子女不与父母同住的观念在我国也颇有市场。但实际上，西方国家也有不少成年子女与父母同住的家庭，各国都有孝敬老人的法律。芬兰、瑞典、挪威等国在子女孝敬老人问题上都做得很好。受传统儒家观念影响，东亚新加坡、韩国、日本更为重视孝敬老人，鼓励子女与父母同住。日本有"一碗汤的距离""一炷香的时间"之说，在子女不能与父母同住的情况下，鼓励子女与父母就近居住。在申请国家保障性住房时，将与父母同住列为优先条件；在父母居所附近购买住房自住的，给予资金和信贷支持。

建议借鉴国外尤其是日本、新加坡和韩国经验，第一，《老年人权益保障法》第64条增加一款，作为第2款："国家鼓励和奖励成年子女与老年父母共同居住，为其提供相应优惠政策。"第二，建议国务院相关部门制定老年人购买住房优惠政策，鼓励子女和老年父母同住或就近居住，子女购房与老年父母同住、为老年父母购房、在父母居所附近购房自住可享受首付、契税、贷款、资金等方面的支持或优惠；赡养父母者，可以根据赡养年限得到相应的购房和住房优惠，包括同等条件下优先购买保障性住房，以及公积金、购房补贴、信贷等方面的支持或优惠。

（3）保障子女探亲权的行使

鉴于现代社会人口流动性增加，家庭居住分散，《老年人权益保障法》第18条规定了子女的"常回家看看"义务。但由于相关法律法规衔接不够，公民履行义务时存在障碍。应完善相关立法，为分开居住的子女探望父母提供便利。

第一，建议在《劳动法》第40条的法定休假中增加"敬老节"或"老人节"。同时，在该条之后增加一条，即"用人单位应当保障劳动者探亲和带薪年休假的权利"。

第二，建议将《国务院关于职工探亲待遇的规定》（以下简称"探亲待遇"）第1条中对"职工"范围的规定，扩大到与《职工带薪年休假条例》第2条中"职工"的范围相一致，覆盖到全部需要探望父母的劳动者。

第三，建议修改"探亲待遇"第3条关于探亲假期的规定，对已婚职工探亲假期安排，由原规定"每四年给假一次，假期二十天"修改为"每年给假一次，每次五天"为宜。

第四，建议在"探亲待遇"第3条中增加一款："已婚职工配偶去世后未再婚，且子女未成年的，每年应再给假一次，每次五天，用于探望岳父母或公婆。但须职工与岳父母或公婆在第一次探亲前共同提出请求。"

（4）强化保障老年人人身安全

《治安管理处罚法》第43条规定对殴打老年人等弱势者加重处罚，并处罚款，但随着经济发展，罚款水平还应提高。建议将该条"结伙殴打、伤害他人；殴打、伤害残疾人、孕妇、不满十四周岁的人或者六十周岁以上的人；多次殴打、伤害他人或者一次殴打、伤害多人"等情形，由"处十日以上十五日以下拘留，并处五百元以上一千元以下罚款"，修改为"处十日以上十五日以下拘留，并处一千元以上三千元以下罚款"。

4. 关于司法保障

由于许多老人不具备法律知识，缺乏经济来源，在权益受到侵害时，往往难以得到救济。当前，养老机构虐待老年人的报道也时有耳闻，但现行法律对原告资格的规定,也使得一些被虐待老人无法得到司法救济。

第一,在部分偏远农村,存在着很多遗弃或者变相遗弃老年人的情形,按照现行《婚姻法》第44条的规定,受害人须提出请求才能得到救济。而现实中,有些受害人由于年迈体弱而难以向法院提出赡养请求,因此法律可明确由老人所在村委会或者居委会代理提出赡养请求。

建议将《婚姻法》第44条第2款"对遗弃家庭成员,受害人提出请求的,人民法院应当依法做出支付扶养费、抚养费、赡养费的判决",修改为"对遗弃家庭成员,受害人或者由所在居委会、村委会代理提出请求的,人民法院应当依法做出支付扶养费、抚养费、赡养费的判决"。

第二,近年来,关于精神赡养的纠纷逐渐增多,但不少贫困老人无力支付诉讼费用或聘请律师。建议在《诉讼费用交纳办法》第45条对"准予免交诉讼费用"情形的规定中,将"赡养纠纷"也纳入进来。为了解决老年人无力聘请律师的问题,建议将《法律援助条例》第10条中"赡养纠纷"也纳入"可以向法律援助机构申请法律援助"的事项。

在人民法院诉讼费用减免和法律援助中，将"赡养纠纷"单列，可以充分涵盖因为孝敬老人引起的所有纠纷，呼应老年人权益保障法关于精神赡养的规定。

第三，老年人由于年迈体弱又往往缺乏经济来源，在诉诸法律救济方面处于明显的弱势，因此，建议司法部门在实际工作中积极探索老年人权益司法保障新机制，如律师定点帮扶、巡回审判制度等。

第四，建议最高人民法院出台专门的老年人赡养救济通道或减免诉讼费机制，节约司法成本，提高敬老养老诉讼的司法效率。

第五，建议完善《民事诉讼法》第53—55条及第191条的规定，确立集团诉讼制度，允许受到养老机构侵权的老年人集体委托一名以上律师，进行集团诉讼。

5. 关于社会参与和社会优待

（1）关于老年人退休和再就业

随着生活条件的改善，我国人均寿命越来越高，老年人身体健康状况也逐渐改善。这对敬老、养老工作提出了新的要求。不仅要对老年人物质上奉养、精神上慰藉，还要促进老年人参与社会，老有所为，提升其精神上的满足感和成就感。日本《高龄雇佣安定法》，规定企业有义务雇佣老年人，使得老年人能够老有所为，不与社会脱节。

第一，建议适时修改《国务院关于工人退休、退职的暂行办法》第1条，适当延长退休年龄。

第二，建议在《老年人权益保障法》第38条第4款后，增加"推进银色工程，鼓励用人单位依法返聘或雇佣老年人就业，实现老有所为"之规定。将来制定相关实施条例时，对第68条和第69条的规定予以细化，强化政府促进老年人适当就业的责任。

第三，建议对老年人就业也作特殊规定，将《劳动法》第14条修改为："残疾人、老年人、少数民族人员、退出现役的军人的就业，法律、法规有特别规定的，从其规定。"第58条修改为："国家对女职工、老年人和未成年工实行特殊劳动保护。"

（2）照顾老年人健身锻炼的特殊需求

由于寿命增长，但缺乏科学锻炼，许多老人身体并不健康，既耗费医疗资源，也导致生活质量不高，尊严不够。我国应借鉴日本《老年人保健法》"40岁保健，70岁医疗"的理念，为老人健身、锻炼提供设施、场所和科学指导，使老人生活健康、有尊严，同时节约医疗支出。

第一，建议借鉴浙江省的规定，在《体育法》第12条中增加两款："新建小区、居住区的开发建设单位应当按城市居住区规划设计规范要求，将体育设施建设纳入建设规划，做到同步规划，同步建设。规划设计方案未达到规定指标的，规划行政部门不得核发建设工程规划许可证。""体育设施建设应照顾老年人、青少年和残疾人的特殊需求。"

第二，《公共文化体育设施条例》第12条也作相应修改，增加照顾老年人健身、锻炼的特殊需求。在《全民健身条例》第31条后增加一款："国家体育主管部门应开发适合老人、青少年需要的健身操等健身项目。"

第三条，将《城乡规划法》第4条最后一句修改为"并符合区域人口发展、国防建设、防灾减灾、公共卫生、公共安全及全民健身的需要"。

（3）关于社会服务与优待措施

老年人由于身体机能老化，在出行等方面有一些特殊需求，法律应予以特别关注。而实践中，除无障碍设施匮乏、设计不合理外，老年人出行办事还存在诸多不便。

第一，建议在《老年人权益保障法》第39条增加一款，规定"国家倡导和鼓励全社会各单位为办事老人提供便利设施；政府、银行、邮局等政府及公用事业性单位，应为办事老人提供便利设施"。将来在制定实施条例时，可以更具体规定，相关单位应在办事大厅设老人专座，提供饮用热水，并开放或提供厕所等设施。

第二，鼓励亲子同行，借鉴日本及欧洲等国的做法，建议交通部门对于中小学生与祖父母一起出行者，在汽车、火车票价给上给予大幅度优惠；交通部门也可为老年人长途交通办理价格极为优惠的"老人卡"。

孝亲尊老是中华传统主流价值，是标志一个社会文明的重要尺度。"始于事亲，中于事君，终于立身"，可以全人伦、厚风俗、正人心，因此也是维持社会稳定，促进社会和谐的重要机制。在我国老龄化挑战日益严峻的形势下，如何有效地赡养和孝敬老人，保障老年人合法权益，实现"老有所养、老有所医、老有所为、老有所学、老有所乐"的保障目标，既是重要民生问题，也是国家久安之道。因此，在依法治国、建设社会主义法治国家的背景下，以社会主义核心价值观为指导，进一步完善法律对"孝敬老人"的保障，对于保障老年人合法权益，引导树立社会良好风气，促进社会主义核心价值观建设具有重要的现实意义。

后 记

本课题为国家社科基金特别委托项目"以法治促进和保障社会主义核心价值观建设（立项号：15@ZH006，首席专家：支振锋）"的子课题"完善立法 促进孝亲敬老"。子课题主持人为西北大学王思锋副教授，课题组成员为韩莹莹（北京物资学院助理研究员）、支振锋（中国社会科学院法学研究所副研究员）、张曼（西北大学法学院副教授）、王禄生（东南大学法学院副教授），周春梅（北京市中淇律师事务所高级合伙人）、王家国（杭州师范大学副教授）、瞿郑龙（吉林大学法学院博士生）。执笔人为韩莹莹、王思锋、支振锋。

《战略与管理》杂志执行主编郭琼虎先生与编辑部主任蒋湘陵先生也为本书提供了批评意见，并补充了若干资料，特致谢忱！

支振锋
2016年9月

韩莹莹，北京物资学院助理研究员，研究领域为民商法、法律理论。参与国家社科基金、中央网信办重大调研课题等课题五项，在《环球法律评论》《法制日报》《民主与法制》等报纸、杂志发表论文或译文十余篇。曾获省级先进个人表彰。

王思锋，法学博士，西北大学法学院副教授，西北大学丝绸之路研究院特聘研究员，西北大学地理标志研究中心主任。现主要从事民商法、知识产权法的教学和科研工作。先后主持或参与各类课题四十二项，其中主持教育部人文社会科学研究项目、司法部国家法治与法学理论研究项目、国家知识产权局软科学项目、陕西省社会科学基金项目等省部级研究课题九项，出版著作四部，在《光明日报》《法学杂志》《理论视野》等报纸杂志发表学术论文三十余篇。

支振锋，法学博士，政治学博士后，中国社会科学院法学研究所副研究员，《环球法律评论》杂志副主编，《人民日报》评论部专家顾问组成员，董必武法学研究会、中国社会学会法律社会学专业委员会理事。出版专著3部、译著6部，在《法学研究》等权威或核心期刊发表论文约 30 篇,在《人民日报》《光明日报》《求是》等发表文章近 30 篇,在《法制日报》《中国社会科学报》《中国青年报》《南方周末》等发表文章 150 余篇。作为首席专家主持国家社科基金特别委托项目 1 项,主持国家社科基金后期资助 1 项,主持中央网信办、教育部、司法部、中国法学会等部级课题 6 项。研究领域为法律理论、司法制度、互联网治理等。